三浦理志=著

サーフ＆ノーフ・クックブック・バイ・ミウラメシ

SURF & NORF COOKBOOK byミウラメシ

こんにちは、三浦理志といいます。

モデルとして仕事をしている雑誌『OCEANS』で、実は料理の連載をやっています。連載タイトルは「ミウラメシ」。僕の趣味であるサーフィンと農業を合わせた「ＳＵＲＦ ＆ ＮＯＲＦ」と称するライフスタイルの中から生まれたレシピを紹介してきました。たとえば、僕なりのアレンジやこだわりがポイントのパスタやメシもの、畑（通称「三浦農園」）で採れる旬の野菜をたっぷり使ったおかずやつまみ……などなど、自分がウマいと思ったものや好きな料理の作り方をお届けしてきたわけです。

もともと料理を仕事にしたいと思って修業もしていた身としては、いつかこの連載を一冊にまとめるのが夢で、こうやってみなさんに手に取っていただける本の形になったことは、本当にうれしいです。

それでは、サーフ&ノーフな日々から生まれたレシピを、ご堪能ください！

Chapter 1
絶品パスタ

カルボナーラといえばパンチェッタ。これは豚バラ肉を塩漬けにし、数週間かけて熟成&乾燥させたもので、本格的に作ると大変。てなわけで考案したのが、手間も時間もコツもいらない"なんちゃってパンチェッタ"略して"ナンチェッタ"！一口大に切った豚バラ肉に塩とハーブをまぶして30分以上漬けるだけのいわゆる"塩豚"なんですが、簡単なのに旨味たっぷり。隠し味に白みそを加えたコクまろソースとの相性も最高。試さないなんて、もったいないなぁ。

塩豚の濃厚カルボナーラ

材料（2人分）

豚バラかたまり肉……100g
卵……2個
グリーンアスパラガス……2本
パルミジャーノ・レッジャーノ……100g
スパゲッティ……200g
ローズマリー（みじん切り）……小さじ½
白ワイン……大さじ1
白みそ……小さじ½
塩……大さじ1
黒こしょう……少々
オリーブ油……大さじ1

作り方

1 塩豚を作る。
豚肉は一口大に切り、ボウルに入れる。
塩と黒こしょうをふり、ローズマリーを加えてよく混ぜ合わせ、
ラップをかけて冷蔵庫に30分～1時間おく。

2 アスパラガスは根元のかたい部分を切り落として、
4～5cm長さに切る。

3 別のボウルにパルミジャーノ・レッジャーノをすりおろす。
卵を割り入れ、少量の水で溶いた白みそを加えて
よく混ぜ合わせる。

4 鍋にたっぷりの湯を沸かし、
湯量の1％程度の塩（分量外）を入れ、
スパゲッティを袋の表示時間より1～2分短くゆでる。
スパゲティがゆで上がる1分半前に2を加え、一緒にゆでる。

5 スパゲッティをゆでている間に、
1を冷蔵庫から出して水で洗い、ペーパータオルで水けを取る。
フライパンにオリーブ油を入れて中火で熱し、肉を炒める。
火が通ったら、白ワインを加えてアルコール分をとばす。
（ここまでの工程をスパゲッティがゆで上がる前に済ませておく）
スパゲッティのゆで汁大さじを1加えて全体になじませ、
ゆで上がったスパゲッティとアスパラガスを加えてざっと混ぜる。

6 3のボウルに入れて、よく混ぜ合わせる。
器に盛り、すりおろしたパルミジャーノ・レッジャーノ、
たっぷりの黒こしょう（ともに分量外）をふって完成。

パスタは僕の得意料理。その日の気分でアレンジできる、型に
ハマらないところが性に合っているみたいです（笑）。具材は
冷蔵庫にあるもので適当に考えるのがいつものパターン。その
結果、意外とウマいものができちゃったりすることも多いんです
よね！ 今回のボロネーゼも、実は餃子を作って余らせた豚のひ
き肉を見てひらめいたもの。大好物のパクチーとナンプラー、
豆板醤を使って、食欲そそるアジアンテイストにしました。

アジアンボロネーゼ

材料（2人分）

豚ひき肉……300g
生しいたけ……4枚
メンマ（味付き）……20g
くるみ……35g
スパゲッティ……200g
しょうが……⅓かけ（小さじ½相当）
にんにく……1片
赤とうがらし……2本
酒……大さじ1
ナンプラー……大さじ1
パクチー……適量
レモン……1個
豆板醤……適量
塩……少々
黒こしょう……少々
オリーブ油……大さじ2

作り方

1 しいたけ、メンマ、くるみは1㎝角の粗いみじん切りに、
しょうがはみじん切りにする。

2 鍋にたっぷりの湯を沸かし、
湯量の1%程度の塩（分量外）を入れる。
スパゲッティを加え、袋の表示時間より1〜2分短くゆでる。

3 スパゲッティをゆでている間に、
フライパンにオリーブ油とにんにくを入れ、弱火にかける。
香りが立ったらにんにくをフォークで潰し、
1のしょうがと手でちぎった赤とうがらしを加える。

4 豚肉を加え、強火でほぐすように炒める。
肉の色が白っぽくなったら
1のしいたけ、メンマ、くるみを加えてさらに炒め、
酒、ナンプラー、スパゲッティのゆで汁大さじ1を加える。

5 ゆで上がったスパゲッティを加え、
全体を絡めながら塩、黒こしょうで味を調える。
器に盛り、ざく切りにしたパクチーを散らして豆板醤をのせ、
レモンを添える。オリーブ油（分量外）をひと回しかけ、
よく混ぜて召し上がれ！

材料（2人分）

たらこ……100g
いか（刺し身用）……80g
帆立貝柱（刺し身用）……4個（70g）
海苔の佃煮……大さじ2
スパゲッティ……200g
レモン……½個
小ねぎ（小口切り）……適量
バター……40g
オリーブ油……大さじ2

作り方

1 たらこは薄皮に縦に切り目を入れて
スプーンで身をこそげ取り、大きめのボウルに入れる。

2 細切りにしたいか、4等分に切った帆立、
海苔の佃煮、バター、オリーブ油を加える。

3 鍋にたっぷりの湯を沸かし、
湯量の1%程度の塩（分量外）を入れ、
スパゲッティを袋の表示時間どおりにゆでる。

4 2のボウルに、ゆで上がったスパゲッティと
ゆで汁大さじ3を加え、よく混ぜる。
器に盛り、小ねぎを散らして、
くし形に切ったレモンを添えたら完成！

いかと帆立入り、たらこと海苔の佃煮のスパゲッティ

あるとき店でたらこスパゲッティを食べながら、自分ならどうアレンジするかな……と妄想を膨らませて思いついたのが、これ。トッピングされている焼き海苔を佃煮にかえてたらこと一緒にソースにして和えたら、絶対ウマいでしょ！と確信したんです。そこに、刺し身用のいかと帆立も加えてごちそう感をアップしました。このたらこスパゲッティは店では食べられないから、ぜひ家で作ってみてください！

材料（2〜3人分）

じゃがいも（中）……3個
モッツァレラチーズ……50g
黒こしょう……少々

【A】
　薄力粉……100g
　パルメザンチーズ（粉）……5g
　オリーブ油……大さじ1
　バジル（みじん切り）……大さじ1+½
　塩……少々

【B】
　カットトマト缶……1缶
　ベーコン（ブロック）……60g
　にんにく……1片
　赤とうがらし……2本
　白ワイン……大さじ1
　塩……小さじ½
　砂糖……少々
　オリーブ油……大さじ2

> チャオ！ 撮影で訪れたイタリア・フィレンツェのリストランテで食べた感動の一皿を思い出して作ったニョッキです。ニョッキを作るのは若干面倒だけど、やっぱり作りたてはモチモチで最高にウマい！ なお、レシピはソースに対してニョッキが多めになっています。余ったニョッキは冷凍できるし、コロッケにアレンジするのもオススメっす。

バジルニョッキの
アラビアータ

作り方

1 じゃがいもはよく洗い、皮つきのまま15〜20分ゆでる。竹串がスッと通ったら取り出し、熱いうちに皮をむいてボウルに入れ、マッシャーで潰す。

2 Aをすべて加えて、耳たぶ程度のかたさになるまでよくこねる。1つにまとめて20分ほど休ませる。

3 トマトソースを作る。Bのベーコンは2cm角程度にカットする。フライパンにオリーブ油、にんにくを入れて中火にかけ、香りが立ったらフォークでにんにくを潰す。細かくちぎった赤とうがらし、ベーコン、カットトマト、白ワイン、塩、砂糖を加えて煮詰め、とろっとしたら火を止める。

4 2を4等分し、それぞれを打ち粉（分量外）をしたまな板の上で転がしながら直径1cmほどの細長い棒状にする。それを約2cm幅にカットし、湯量の1%程度の塩（分量外）を加えた熱湯でゆでる。浮き上がってきたらすくって取り出す。

5 3を強火で温めて4を加え、よく混ぜ合わせて火を止める。1cm角にカットしたモッツァレラチーズを加え、混ぜ合わせて、器に盛る。オリーブ油（分量外）を回しかけ、黒こしょうをふり、バジル（分量外）を添えて完成。お好みで、すりおろしたパルミジャーノ・レッジャーノをかけて。

さんまの肝けずスパゲッティ

小いかの
バスク風パスタ

秋の味覚のさんま、大好きなんですよね。肝でビール1本、半身でごはん1膳、残りの半身でもう1膳いけちゃいますっ！そんな僕のさんま愛が炸裂して生まれたのがこのメニュー。このレシピ最大のキモは、まさに肝！ 大好きな肝をソースに使うことを思いついたときは、我ながら天才じゃないかと思いました（笑）。さらに、しめじ、しいたけ、エリンギと、きのこもどっさり入れて、秋の味覚をたっぷり堪能できる一皿です。

さんまの肝いりスパゲッティ

材料（2人分）

さんま……1尾
しめじ……½パック
生しいたけ……2枚
エリンギ……1本（大）
スパゲッティ……200g
にんにく……1片
赤とうがらし……2本
しょうゆ……小さじ2
みりん……小さじ2
酒……大さじ1
すだち……1個
小ねぎ……適量
青じそ……20枚
塩……少々
バター……5g
オリーブ油……大さじ2

作り方

1 しめじ、しいたけ、エリンギは石づきを取って食べやすい大きさに切る。青じそはせん切りにする。小ねぎは小口切りにする。

2 さんまは肝を取り出し、取り分けておく。身は全体にしっかり塩（分量外）をふり、両面を焼く。焼き上がったら半身に分けて骨を取り除き、それぞれを3等分に切る。

3 2の肝は、包丁で叩いてペースト状にしてボウルに入れ、しょうゆ、みりんを加えてよく混ぜ合わせる。

4 鍋にたっぷりの湯を沸かし、湯量の1%程度の塩（分量外）を入れてスパゲッティを袋の表示時間より1〜2分短くゆでる。

5 スパゲッティをゆでている間に、フライパンにオリーブ油とにんにくを入れて弱火でじっくり加熱する。香りが立ったらにんにくをフォークなどで潰し、赤とうがらしを手でちぎって入れる。さらに1のきのこ、塩、酒を加えて強火で炒める。

6 スパゲティがゆで上がる直前にゆで汁大さじ1をフライパンに加える。ゆで上がったスパゲッティ、バター、2、3を加えて強火にかけ、混ぜ合わせる。

7 器に盛り、1の青じそとねぎをトッピングする。半分にカットしたすだちを添え、オリーブオイル（分量外）を回しかけたら完成。

材料（2人分）

小いか（剣先いか）……300g
キャベツ……3枚
長ねぎ……½本
パセリ……1〜2本（20g）
ショートパスタ（フジッリ）……200g
にんにく……1片
赤とうがらし……1本
白ワイン……大さじ1
パルミジャーノ・レッジャーノ……適量
塩……ひとつまみ
黒こしょう……少々
バター……15g
オリーブ油……大さじ3

作り方

1 いかは胴と足を分け、
内臓を取り除いて水洗いし、ボウルに入れる。
白ワインと塩少々（分量外）を加えてよく揉み込む。

2 キャベツは一口大に手でちぎる。
長ねぎとパセリはみじん切りにする。

3 鍋に湯を沸かし、湯量の1％程度の塩（分量外）を入れ、
パスタを袋の表示時間どおりにゆでる。
パスタがゆで上がる1分前に
2のキャベツを加えて一緒にゆでる。

4 パスタをゆでている間に、
フライパンにオリーブ油をひき、
にんにくと手でちぎった赤とうがらしを入れて弱火で熱する。
香りが立ったらフォークなどでにんにくをつぶし、
2のねぎを加えて強火にし、きつね色になるまで炒める。

5 1を加え、
火が通ったらバターと塩を加えて混ぜ合わせる。

6 ゆで上がったパスタとキャベツを加えてよく混ぜ、
2のパセリを加えてざっと混ぜ合わせる。
器に盛って黒こしょうをふり、
削ったパルミジャーノ・レッジャーノをのせたら完成。

仕事で初めてスペインのバスク地方に行ったときのこと。バスクといえば、欧州サーフィンの聖地！ 仕事の合間に波乗り三昧だったわけですが、バスクは食も豊かで、新鮮なシーフードがとにかくウマい。なかでもハマったのが、小ぶりのいかをガーリックオイルで炒めたメニュー。素材を〝いか〟した、素朴でシンプルな料理なんですが、コレのおかげでワインが進む進む。そんな楽しくておいしかったバスクの思い出メニューを、僕なりにアレンジしてみました。

小いかの バスク風パスタ

サーフィンは自分を
かたちづくってくれたもの

SURF

SURF

サーフィンと出合ったのは、15歳。地元が湘南なんで、いつも近所でサーファーのお兄さん＆お姉さんを目にしていて、「カッコいいなぁ」と憧れていたんですよね。で、友人に連れていってもらって初めて挑戦したとき、まずパドリングに苦戦して……。友人や他のサーファーが、ボードに腹ばいに乗って波を越えて行く姿に「すげえ！」と感動したのを覚えています。

本格的に始めたのは、高校生になったとき。お小遣いをはたいて一式手に入れ、それからは学校の始まる前と放課後、毎日海に入ってたんですよ。その頃の僕は「これより楽しいことは他にない！」と思っていました。以来、サーフィンは、僕の生活の一部。そして今でもやっぱり「これより楽しいことは他にない！」と思ってます。

思い出のサーフトリップといえば、メキシコのバハ・カリフォルニアでキャンプしながらサーフスポットを巡った旅。友人に連れていってもらったんですが、1週間分の水や食料を車に積んで、海岸沿いを旅するんです。あるのは海と自分たちと、サボテンくらい。文字どおり「サーフィン以外にすることがない」という贅沢な旅だったなあ……！

よく考えたら、仕事をのぞいて、海外旅行ってサーフトリップ以外で行ったことないんですよね。でもね、サーフィンを通じていろいろな体験をさせてもらってきました。人との出会いや絶景との遭遇、そして料理。サーフトリップで出合った味にヒントをもらって生まれたミウラメシって、本当にたくさんあるんです！今の自分をかたちづくってくれたもの、それがサーフィンなんだと思います。

Chapter 2

ガッツリ飯

チャーハン道を究めるべく、ラーメン屋に弟子入りして完成させた
こちらのレシピ。最大のこだわりは、焦がしねぎ油。コレが、やめ
られない止まらない、サッパリでいて奥深い味わいの決め手とな
ります。野菜炒めなどにも使える万能調味料です。揚げたねぎもウ
マいので、チャーハンの付け合わせにオススメ。具材の主役であ
るチャーシューは、自家製を使ったほうがもう断然ウマいので（肉
と調味料を一気に鍋に入れて煮込むだけだし）、ぜひお試しを！

ラーメン屋の
チャーシューチャーハン

材料（1人分）

かまぼこ……1切れ
卵……1個
小ねぎ（小口切り）……ひとつかみ
ごはん（かために炊いたもの）
　　……大盛り1膳（200g）
オイスターソース……小さじ1/2
紅しょうが……適量

【チャーシュー】（作りやすい分量）
　豚バラかたまり肉……500g
　長ねぎ（青い部分）……1本
　しょうが（薄切り）……2枚
　酒……150ml
　しょうゆ……50ml
　みりん……50ml
　砂糖……30g
　水……300ml

【焦がしねぎ油】（作りやすい分量）
　長ねぎ（青い部分）……1本
　サラダ油……200ml

【合わせ調味料】（作りやすい分量）
　塩……大さじ1
　砂糖……小さじ1
　白こしょう……小さじ1
　黒こしょう……少々

作り方

1 チャーシューを作る。材料を鍋にすべて入れ、
落とし蓋をして弱火でにかける。
まんべんなく味が染み込むように、
途中で肉を返しながら、1時間煮込む。

2 焦がしねぎ油を作る。
長ねぎは小口切りにし、
低温（160℃くらい）のサラダ油でじっくり揚げる。
20分ほどしてきつね色になったら、
ペーパータオルなどで油を濾す。

3 チャーハンを作る。
1のチャーシュー50gは2cm角に、
かまぼこは5mm角に切る。
卵は溶きほぐす。

4 フライパンを強火でしっかり熱し、
2の焦がしねぎ油大さじ2を入れて馴染ませたら、
いったん濡れた布巾の上に置いて少し冷ます。

5 フライパンを再び強火にかけ、溶き卵を入れる。
卵が油で泳いでいる状態のところに、
ごはん、チャーシュー、かまぼこを同時に加えて一気に混ぜ、
フライパンいっぱいにおたまなどで押し広げながら炒める。

6 全体がよく混ざったら、
オイスターソースと合わせ調味料小さじ1を加えて
炒め合わせる。

7 チャーシューの煮汁小さじ½を鍋肌から加えて混ぜる。
火を止めて、小ねぎを加え、
全体をざっと混ぜ合わせたら器に盛る。
紅しょうがを添えて召し上がれ。

20代の頃、旅先で人生初のカオマンガイを食べて、そのウマさに驚愕し、僕の好きなゆで豚でアレンジしたらもっとウマいかも……と編み出したのがこちら。一応説明しておくと、鶏（ガイ）じゃなくて豚だからカオマン"トン"（笑）。豚肉は肩ロースでも良いですが、スペアリブなら旨味アップです。

カオマントン

材料（2人分）

豚スペアリブ……800g
米……2合
スペアリブのゆで汁……360㎖
きゅうり……1本
長ねぎ（白い部分）……1本
パクチー……2～3本
赤とうがらし……1本

【A】
長ねぎ（青い部分）……1本
しょうが（薄切り）……2枚
にんにく……1片
パクチー（根の部分）……2～3本
酒……大さじ2
塩……ひとつまみ
水……1ℓ

【B】
スペアリブのゆで汁……大さじ2
ナンプラー……大さじ1
しょうゆ……大さじ1
レモン汁……大さじ1
にんにく（すりおろし）……½片
砂糖……小さじ½

作り方

1 鍋にスペアリブを入れて水をたっぷり加え、強火にかける。沸騰したらスペアリブをざるにあげ、水洗いする。

2 洗った鍋に、洗ったスペアリブとAすべてを入れて強火にかける（にんにくは軽く潰してから入れる）。煮立ったら中火にしてアクを取り、蓋をして10分ゆでる。スペアリブを取り出し、ゆで汁はざるで濾してとっておく。

3 米は洗って炊飯器の内釜に入れる。スペアリブのゆで汁を加え、スペアリブをのせて炊く。

4 きゅうりは拍子木切り、赤とうがらしは小口切りにする。パクチーは食べやすい大きさに切る。長ねぎは繊維に沿ってせん切りにして氷水にさらし、しらがねぎにする。

5 器に炊き上がったごはんとスペアリブを盛り、4の野菜を添える。Bを混ぜ合わせたソースをかけて、召し上がれ！

しらすに生ピーマン!? って思うでしょ？ これがなんと相性抜群なんです。そこへ男の大好物、バター＆しょうゆを足してガーッとかき混ぜてほおばる。笑っちゃうくらい簡単なのに、しらすの塩気、ピーマンの苦味、バターの甘味が渾然一体となって、奥深い味になるんです。ピーマンを食わず嫌いのそこのアナタ、ダマされたと思って一度作って食べてみて！

しらすと生ピーマンの
バターしょうゆ丼

材料（1人分）

しらす干し……100g
ピーマン……1個
ごはん（炊きたてのもの）
　　……1膳分
小ねぎ……適量
しょうゆ……大さじ1
バター……10g

作り方

1 ピーマンは縦半分に切って
へたと種を取り除き、
繊維に沿って縦に細切りにする。
小ねぎは小口切りにする

2 ごはんの上に
ピーマン、しらす、バター、ねぎの順にのせ、
しょうゆを回しかけたら完成。
箸でよ〜くかき混ぜて、
具と調味料をからませて
食べると美味。

ビーフカレー

クリーミー
**チキン
ボーン
カレー**

かたまり肉がゴロゴロ入ったビーフカレーは、牛肉以外の具材がほとんど入っていないように見えますが、野菜類はすべてすりおろしたり細かく刻んだりして使っています。細かくすることで野菜の旨味がいっそう引き出され、深く濃厚な味わいを実現してくれるんです。さらに、ビールやコーヒーの隠し味で本格的なコクと苦味を追求し、パクチーで爽やかな香りもトッピング。僕入魂のカレー、ご賞味ください!

ビーフカレー

材料(2人分)

牛肉(カレー用)……500g
玉ねぎ……2個
にんじん……1本
トマト……1個
パクチー……2〜3本
りんご……¼個
にんにく……1片
しょうが……1かけ
赤ワイン……大さじ2
ビール……250㎖
カレー粉……大さじ1+1/2
カレールウ(辛口)……50g
インスタントコーヒー(粉)※……小さじ1
はちみつ……小さじ1
塩……小さじ1+1/2
水……300㎖
ごはん……適量
オリーブ油……大さじ2

作り方

1 牛肉は全体にまんべんなく
塩、黒こしょう(ともに分量外)をふる。
玉ねぎは縦半分に切って薄切りにする。
トマトはへたを取って1㎝角にカットする。
パクチーは茎と葉に分けて、
それぞれを細かく刻む。
にんじん、りんご(皮つきのまま)、
しょうが、にんにくは、すりおろす。

2 鍋にオリーブ油を入れて中火にかけ、
玉ねぎとパクチーの茎を15分ほど炒める。
玉ねぎが飴色になったら、
しょうが、にんにくを加えて、
混ぜ合わせながら軽く炒める。

3 牛肉を加えて炒め、牛肉の色が変わったら、
赤ワイン、カレー粉を加えて混ぜ合わせる。

4 ビール、分量の水、トマト、にんじん、りんご、

材料（2人分）

骨つき鶏もも肉……2本
ゆで卵……2個
玉ねぎ……2個
トマト……中1個
にんにく……1片
しょうが……1かけ
カレー粉……大さじ1
チリパウダー……小さじ1
赤とうがらし……2本
カシューナッツ……50g
ヨーグルト……200g
生クリーム……50㎖
ビール……350㎖
塩……小さじ1
黒こしょう……少々
バター……40g
サラダ油……大さじ1

【ターメリックライス】
　米……2合
　ターメリックパウダー……小さじ1
　バター……10g
　パセリパウダー（市販品）……少々

作り方

1 ターメリックライスを炊く。
米は洗って炊飯器に入れ、
通常の分量よりやや少なめの水を注ぎ、
30分ほど浸水させる。
炊く直前にターメリックパウダーとバターを加え、
全体を混ぜてから炊く。

2 カシューナッツは水100㎖に浸し、
5分ほどおいてフードプロセッサーにかける
（すり鉢でペースト状にすり潰してもOK）。

3 鶏肉はフォークで刺して穴をあけ、
塩、こしょう少々（ともに分量外）で下味をつける。
玉ねぎ、トマト、にんにくはみじん切りにする。
しょうがはすりおろす。

4 熱した鍋にサラダ油をひき、
鶏肉を皮目から入れて両面焼く。
焼き色がついたら取り出す。

5 4の鍋ににんにくを入れ、香りが立ったら、
玉ねぎとしょうがを加えて飴色になるまでよく炒める。
カレー粉、チリパウダー、手でちぎった赤とうがらし、
トマトを加えて、軽く炒め合わせる。

6 2、ヨーグルト、生クリーム、バター、
ビール、塩、こしょうを加える。
さらにゆで卵、4で取り出したチキンを加え、
弱火で約1時間煮込む。
器に1を盛ってパセリパウダーを散らし、
カレーをよそって完成。

クリーミーチキンボーンカレー

カレーは日本の国民食。しかも家庭の味からスパイスをきかせた本格派までバリエーションは無限大。つまり、単純なようでいて、実は作る人の個性がとっても出やすいと思うんですよね。このレシピは、インド系さらさらカレーのスペシャルバージョン。バター＆生クリーム、さらにカシューナッツを活用し、あえてのコクまろに仕上げました。ところで、おいしいカレー作りの極意、知ってますか？それは「時間を惜しまない」こと！

材料（2人分）

豚ひき肉……200g
納豆……2パック
卵……2個
長ねぎ……1本
にんにく……1片
しょうが……1かけ
紫玉ねぎ……⅓個
みょうが……2個
クレソン……1/2袋
ルッコラ……1/2袋

ミニトマト……8〜10個
ごはん……2膳分
豆板醤……小さじ1/2
キムチ……適量
韓国海苔……適量
クリームチーズ……適量
塩……少々
オリーブ油……小さじ1
サラダ油……大さじ1

【A】
しょうゆ……大さじ3
酒……大さじ½
みりん……大さじ½
砂糖……ひとつまみ

【B】
ごま油……大さじ1
白ごま……ひとつまみ
塩……少々

納豆と豚ひき肉をしょうがやにんにくと一緒に炒めた「肉納豆」は、僕にとってのいわゆる "お袋の味"。そもそもは、隣の家のお母さんが、お菓子ばかり食べている子どもたちにどうにかしてごはんを食べさせようと考案した料理で、それがうちの母に伝わり、三浦家の定番になったというわけです。そんな思い出の味を、大人仕様に進化させました。肉納豆は、ごはんはもちろん、パスタやタコスでもイケますよ。

混ぜておいしい 肉納豆ライス

作り方

1 長ねぎ、にんにく、しょうがはみじん切りにする。
紫玉ねぎ、みょうがはせん切りにする。
クレソン、ルッコラは3cm長さに、ミニトマトは半分に切る。

2 熱したフライパンにサラダ油をひき、
にんにく、しょうが、豆板醤を入れて炒める。
香りが立ったら豚肉を加えて炒め、
火が通ったら納豆を加えてざっと混ぜる。
合わせておいたAを加えて汁けが少なくなるまで炒めたら、
火を止めて長ねぎを加え、よく混ぜ合わせる。

3 スクランブルエッグを作る。
ボウルなどに卵を割り入れて溶きほぐし、塩を加える。
熱したフライパンにオリーブ油をひき、
溶きほぐした卵を入れて
菜箸などで大きく混ぜながら半熟に仕上げる。

4 器にごはんを盛り、1の紫玉ねぎ、みょうが、
クレソン、ルッコラ、ミニトマト、2、3をのせ、
キムチ、韓国海苔、クリームチーズをトッピングする。
仕上げにBを混ぜ合わせた
ごまソースをかければ出来上がり。
お好みでライムを搾り、よく混ぜて召し上がれ！

オムライスといえば、子どもの頃から慣れ親しんでいるチキンライス×ケチャップのタイプももちろん大好きですが、よりガッツリ食べたいときに作るのがコレ。牛肉を使ったボリューム満点のごはんにデミグラスソースを合わせて、ごちそう感をアップ。また、卵をいっぱい使ったふわふわ卵は、厚みが出てごはんを包みやすくなるというメリットもあるんですね～。上手に包めた美しいオムライスの味はまた格別。レッツトライ！

ビーフオムライス

材料（2人分）

牛切り落とし肉……150g
卵……8個
玉ねぎ……1/2個
しめじ……1/2パック
ごはん……2膳分
生クリーム……大さじ2
パセリ……適量
塩……少々
黒こしょう……少々
バター……40g

【A】
　ハッシュドビーフのルウ……40g
　赤ワイン……大さじ2
　水……200㎖

作り方

1 玉ねぎはみじん切りにする。
しめじは石づきを切り落として小房に分ける。

2 ソースを作る。
鍋にAをすべて入れて中火にかけ、
とろみが出るまで煮詰める。

3 洗ったフライパンにバター20gを入れて強火にかけ、
バターが溶けたら玉ねぎを加えて炒める。
玉ねぎがしんなりしてきたら、
牛肉、しめじを加えてさらに炒める。
肉の色が変わったら、ごはんを加えて炒め合わせる。
塩、こしょう、2のソース大さじ4を加えて混ぜ合わせ、
火を止めて器に取り出す。

4 ボウルに卵を割り入れて溶きほぐし、
生クリーム、塩少々（分量外）を加えてよく混ぜ合わせる。

5 フライパンにバター10gを入れて中火にかけ、
溶き卵の半量を流し入れる。
へらなどでかき混ぜながらフライパン全体に均等に広げる。
卵が半熟状態になったらフライパンを火から下ろし、
3のごはんの半量を細長い楕円形になるように
卵の中央にのせる。

6 フライパンを再び中火にかけ、
卵の両端を返してごはんを包む。
フライパンの向こう側に寄せて返し、形を整えて器に盛る。
同様に、もうひとつ作る。
それぞれに2のソースの残りをたっぷりかけ、
パセリを添えて完成。

材料（2人分）

豚バラかたまり肉……500g	白ごま……ひとつまみ
ゆで卵……2個	貝割れ菜……適量
ししとうがらし……4本	練りわさび……適量
オクラ……6本	しょうゆ……大さじ5＋½
長いも……250g	みりん……大さじ5＋½
にんにく……1片	酒……250㎖
しょうが……2かけ	砂糖……大さじ2＋½
長ねぎ（青い部分）……1本	はちみつ……大さじ1
青海苔……少々	水……500㎖
ごはん……2膳分	

豚角煮
トロトロ丼

食欲をそそる豚の角煮に、とろろとオクラ
のネバネバパワーをプラスした栄養満点
の丼もの。とろろ効果で角煮をさっぱり
食べられるだけでなく、食感もなめらかに
なって、もはや "かき込む" というより "飲
む" ように食べられること請け合いです。
青海苔、わさび、白ごまといった薬味陣を
しっかりきかせるのもポイントです。

作り方

1 豚バラ肉は
8等分に切って鍋に入れ、
分量の水、酒、潰したにんにく、
スライスしたしょうが、
長ねぎを加えて強火にかける。
沸騰したら弱火にし、
アクを取りながら30分〜1時間煮る。

2 ゆで卵、しょうゆ、みりん、
砂糖、はちみつを加えて、
さらに1時間煮込む。
火を止めてししとうを加える。

3 オクラは塩少々（分量外）でもみ、
さっとゆでて小口切りにする。
長いもは皮をむいてすりおろし、
オクラと混ぜ合わせる。

4 どんぶりにごはんを盛り、
3をかけて青海苔をふる。
その上に2の角煮、
半分に切ったゆで卵、
ししとうをのせて煮汁をかける。
白ごまをふって
根元を落とした貝割れ菜をのせ、
練りわさびを添えて
召し上がれ。

なんだか疲れたな……というときは、肉とにんにくに限る！というわけで、ガーリックチャーハンにステーキをドドーンとトッピングした、想像するだけでヨダレが……いやパワーがみなぎりそうなスタミナメニューです。おいしさの最大の秘密は、にんにくをガツンときかせた特製の「GOS＝ゴールデン・オニオン・ソース」。長年の研究を重ねて材料の黄金比にたどりついた自信のソースで、ローストビーフやハンバーグなんかにもオススメです！

ガーリックチャーハン、ステーキのせ

材料（2人分）

牛肉（ステーキ用）……1枚（200〜300g）
牛脂……1個
長ネギ……½本
レタス……3枚
ごはん……大盛り2膳分
にんにく……2＋½片
白ごま……小さじ1
ブランデー（料理用）……小さじ1
酒……大さじ1
オイスターソース……小さじ1
塩……少々
黒こしょう……少々
しょうゆ……少々
バター……15g
オリーブ油……小さじ1
サラダ油……小さじ1

【A】
　玉ねぎ（すりおろす）……½個
　にんにく（すりおろす）……½片
　しょうゆ……大さじ1＋½
　みりん……大さじ1
　はちみつ……少々

作り方

1 牛肉の両面に、塩、こしょう（ともに分量外）をふる。
にんにく2片、長ねぎ、牛脂はみじん切りにする。
レタスは手で一口大にちぎる。

2 ガーリックチャーハンを作る。
フライパンにオリーブオイルをひいて火にかけ、
みじん切りにしたにんにくと牛脂を加える。
香りが立ったら長ねぎを加えて炒め、
バター10gとごはんを加えて炒める。
パラッとしたら酒とオイスターソースを加えて
塩、こしょうで味を調え、
しょうゆを回しかけて火を止める。
レタスと白ごまを加えてざっと混ぜ合わせる。

3 ステーキを焼く（できればチャーハンを炒めながら）。
別のフライパンを熱してサラダ油をひき、
にんにく½片をスライスして入れる。
カリカリになったら取り出し、牛肉を入れて中火で焼く。
両面を焼いてブランデーを加え、
アルコール分をとばしたら肉を取り出す。

4 ゴールデン・オニオン・ソースを作る。
肉汁の残った3のフライパンに
混ぜ合わせておいたAを入れて煮詰める。

5 器に2を盛り、スライスしたステーキのせる。
仕上げに4をかけ、残りのバターと
3のにんにくチップスをトッピングして、完成！

僕にとって元気とヤル気の源になるのはやっぱり米。ってことでよく作るのが、この和風パエリアです。旨味たっぷりな貝のだしをベースにした優しい味付けながら、米を炒めてから炊くパエリアならではのコクもあって、食欲がないときもモリモリ食べられちゃう。しかも具だくさんで栄養もモリモリ。フライパンひとつで作れてそのまま食卓に出せる簡単＆便利なのも魅力です。ちなみに僕はキャンプでもちょくちょく作ってます！

和風パエリア

材料（2人分）

鶏もも肉……200g
はまぐり……6個
たけのこ（水煮）……150g
生しいたけ……3枚
トマト……½個
玉ねぎ……½個
にんにく……1片
米……2合
水……360㎖
三つ葉……適量
レモン……½個
酒……大さじ2
しょうゆ……大さじ1
塩……小さじ1
黒こしょう……少々
オリーブ油……大さじ2

作り方

1 はまぐりは海水程度の塩水（分量外）に
30分ほどつけて、砂抜きする。
よく洗ったはまぐり、分量の水、酒を鍋に入れて煮立たせ、
アクを取り、はまぐりの口が全部あいたら火を止め、
鍋から取り出す。煮汁はとっておく。

2 鶏肉、たけのこは一口大に切る。
しいたけ、トマトは2㎝角に切る。
玉ねぎ、にんにくはみじん切りにする。
三つ葉は3㎝長さに切る。レモンは乱切りにする。

3 フライパンにオリーブ油をひいて中火で熱し、
玉ねぎ、にんにくを入れて炒める。
香りが立ったら鶏肉を加えて炒め、
ある程度火が通ったら
たけのこ、しいたけ、トマトを加えて、
塩、こしょうをふってざっと炒め合わせる。
米も加えて炒める。

4 米が透き通ったら、
1のはまぐりの煮汁としょうゆを加えて軽く混ぜ合わせ、
はまぐりを並べ入れて蓋をする。

5 煮立ったら弱火にして、約12分炊く。
火を止めて10分ほど蒸らし、三つ葉を散らせば完成。
レモンを搾って召し上がれ！

材料（2人分）

まぐろ（刺し身用）……1さく（約180g）
ゆでだこ（刺し身用）……1本（約120g）
アボカド……1個
玉ねぎ……½個
生とうがらし（赤）……1本
小ねぎ……適量
ごはん……2膳分

【A】
　ライム果汁……½個分
　海苔の佃煮……大さじ1
　白ごま……大さじ1
　薄口しょうゆ……大さじ1＋½
　こま油……大さじ1

ハワイでお馴染みのポキ丼は、ハワイに行くと必ず食べるメニューのひとつ。「ポキ」は切るという意味だそうで、小さく切った刺し身と調味料を和えた料理です。ハワイだと細かく刻んだ海藻も入っているんですが、その代わりに採用したのが海苔の佃煮！　風味もいいし味も調えてくれる。そこに、ライムの酸味とアボカドのコク、辛味が渾然一体となったうまうま丼です。

ポキ丼

作り方

1 まぐろとたこは、
それぞれ1.5cm角くらいに切る。
アボカドは2つに割って種と皮を取り除き、
1.5cm角くらいに切る。

2 玉ねぎはみじん切りにする。
赤とうがらしと小ねぎは、
小口切りにする。

3 ボウルに1と
2の玉ねぎ、赤とうがらしを入れ、
Aをすべて加えて混ぜ合わせる。

4 器にごはんをよそい、
3をたっぷりのせる。
小ねぎを散らし、
お好みでライムを添えて、完成！

がっつり！朝メシトースト

さばのみそ煮のマヨトースト

材料（1人分）

さばのみそ煮缶……½缶
玉ねぎ……¼個
マヨネーズ……大さじ1
パルメザンチーズ（粉）……大さじ1
七味とうがらし……少々
食パン（厚切り）……1枚
バター……適量

作り方

1 食パンにバターを塗り、
5mm厚さにスライスした玉ねぎをのせる。
その上に軽くほぐした
さばのみそ煮をのせる。

2 マヨネーズ、パルメザンチーズをかけ、
七味とうがらしをふる。

3 オーブントースターで
7〜8分焼く。

キムチベーコンのピザトースト

材料（1人分）

ベーコン（スライス）……40g
キムチ……30g
ピザ用チーズ……40g
イタリアンパセリ……適量
食パン（厚切り）……1枚
バター……適量

作り方

1 食パンにバターを塗り、
ベーコン、キムチ、チーズの順にのせる。

2 オーブントースターで7〜8分焼き、
刻んだイタリアンパセリをトッピングする。

朝食は、断然パンよりごはん党。だって一日の始まりは、ガッツリ食べて気合を入れたいですからね。
そんな僕が、なぜトーストを……？と聞かれれば、それはもちろん愛する奥さんのためっす。
パン好きな彼女を喜ばせつつ、ごはん好きな僕も満足できるメシっぽさとボリュームも妥協しない。
そんな壮大なテーマのもと、生み出されたのがこちらの4品なのであります。

納豆エッグトースト

材料（1人分）

卵……1個
からしマヨネーズ（市販品）……適量
白ごま……適量
食パン（厚切り）……1枚
バター……適量

【A】
納豆……½パック
玉ねぎ（みじん切り）……大さじ1
しょうゆ……小さじ1
みりん……小さじ1

作り方

1 食パンにバターを塗り、
混ぜ合わせたAをのせ、中心をあけておく。

2 1の縁をからしマヨネーズで囲み、
中心に卵を割り入れる。

3 全体に白ごまをふり、
オーブントースターに入れ、7～8分焼く。

りんごとベーコンのハニートースト

材料（1人分）

ベーコン（スライス）……40g
りんご……½個
ピザ用チーズ……40g
ブルーチーズ……20g
くるみ……2～3個
はちみつ……適量
食パン（厚切り）……1枚
バター……適量

作り方

1 食パンにバターを塗り、
ベーコン、薄くスライスしたりんご、
ピザ用チーズ、ブルーチーズの順にのせる。

2 オーブントースターに入れ、7～8分焼き、
砕いたくるみをトッピングし、
はちみつをたっぷりかける。

あじフライサンド

あじがたくさん釣れたので、フライにしました。
刺し身もなめろうもいいけれど、やっぱりフライはビールに抜群に合う!
こだわりのタルタルソースをたっぷり添えた、あじフライサンドでどうぞ。

材料（2人分）

あじ……2尾
アボカド……½個
サニーレタス……適量
キャベツ……適量
とんかつソース……適量
レモン……½個
パン粉……適量
食パン（8枚切り）……4枚
バター……適量
揚げ油……適量

【A】

ゆで卵……2個
玉ねぎ……½個
ピクルス（市販品）……2本
パクチー……適量
にんにく（すりおろし）……少々
ヨーグルト……大さじ1＋½
粉チーズ……大さじ1＋½
からし……小さじ½
マヨネーズ……大さじ3
塩……少々
黒こしょう……少々

【B】

卵……1個
牛乳……大さじ1
小麦粉……大さじ2

作り方

1 タルタルソースを作る。
Aのゆで卵、玉ねぎ、ピクルス、パクチーは
みじん切りにしてボウルに入れ、
残りの材料を加えて混ぜ合わせる。

2 あじは三枚におろし、
両面に軽く塩、こしょう（分量外）をする。

3 Bすべてを混ぜ合わせ
バッター液を作る。
2をくぐらせ、パン粉をまぶす。

4 180℃の揚げ油で
3を両面きつね色になるまで揚げる。

5 アボカドは皮と種を取ってスライスし、
フライパンで両面に焼き目をつける。

6 食パンの片面にバターを塗る。
食パン2枚の上に、ちぎったサニーレタス、
せん切りにしたキャベツ、あじフライの順にのせ、
とんかつソースをかける。
その上に5をのせ、1をかけてレモンを搾り、
残りの食パンで挟んで、出来上がり。

じゃがマヨピザ

マヨネーズソースに野菜たっぷりのピザ、ウマそうでしょ。
ピザを生地から作るなんて時間も手間もかかって大変……と思うかも。
でもね、思いきって一度作ってみてください。
今まで食べたどんなピザよりも、絶対にウマい（と感じるはず）！

材料（2人分）

鶏ささ身……4本
じゃがいも……2個
玉ねぎ……2個
黒オリーブ……適量
にんにく……3片
ピザ用チーズ……200g
マヨネーズ……適量
パルメザンチーズ（粉）……大さじ4
七味とうがらし……少々

【生地】
　強力粉……250g
　薄力粉……50g
　塩……小さじ½
　ドライイースト……5g
　オリーブ油……大さじ1
　ぬるま湯（35〜40℃）……150cc

【A】
　アンチョビ（フィレ）……1缶（約8枚）
　にんにく（すりおろし）……1片
　オリーブ油……大さじ2

作り方

1 ピザ生地を作る。
大きめのボウルに、ふるった強力粉と薄力粉、
塩、ドライイーストを混ぜ合わせる。
オリーブ油、分量のぬるま湯を加えてよくこねる。
生地の表面がなめらかになったら丸くまとめ、
ボウルに入れて濡れ布巾をかぶせ、ラップをかける。
ひと回り大きい別のボウルを用意して
40℃くらいのぬるま湯（分量外）を入れ、
生地を入れたボウルをそこに浮かべて、
1時間ほど発酵させる（1次発酵）。
生地が2倍程度に膨らんだら、
手で押して中の空気を抜き、2等分する。
それぞれを丸くまとめてバット等に並べ、
濡れ布巾をかぶせてラップをかけ、暖かい場所におき
さらに20分ほど発酵させる（2次発酵）。

2 発酵の間にトッピングを作る。
鶏肉は両面に塩、こしょう各少々、
酒大さじ1（すべて分量外）をふり、
耐熱皿にのせて電子レンジ（600W）で2分ほど加熱。
粗熱がとれたらほぐす。
じゃがいも、玉ねぎ、にんにく、黒オリーブは
薄くスライスする。

3 ソースを作る。
Aのアンチョビは包丁で叩いてペースト状にし、
にんにく、オリーブ油と一緒にボウルに入れて
よく混ぜ合わせる。

4 調理台と麺棒に強力粉（分量外）をふり、
1をひとつずつ丸い形にのばしていく。
均等な厚さで直径35cm程度までのばして、
オーブン用ペーパーを敷いた天板にのせる。
3を塗り、ピザ用チーズをのせた上に、
じゃがいも、玉ねぎ、にんにく、
黒オリーブ、鶏肉の順でトッピングする。
その上に、マヨネーズ、パルメザンチーズ、
七味とうがらしを順にかけ、
240℃のオーブンで10〜15分焼いたら完成。

Chapter 3
ツルッと
ごちそう
麺

休日の昼メシによく作るのは、冷蔵庫の余り野菜をいっぱい入れてめんつゆとバターで仕上げる焼きうどん。コレはコレでおいしいんですが、たまにはちょっと豪華にしたい。ってことで、すき焼き風にしてみました。最大のポイントは、上等の牛肉を惜しみなく使うこと！ 切り落としじゃなくて、すき焼き用の立派な肉をあえて焼きうどんに入れるってところが、ダイナミックでロマン溢れる男料理の醍醐味だと思うのであります！

スキヤキうどん

材料（2人分）

牛肉（すき焼き用）……200g
牛脂……1個
卵……2個
長ねぎ……1本
小ねぎ……3〜4本
ピーマン……2個
にんじん……½本
うどん……2玉
バター……10g

【A】
しょうゆ……大さじ3
酒……大さじ3
みりん……大さじ3
砂糖……大さじ1

作り方

1 温泉卵を作る。卵は室温にしておく。
鍋に卵がつかる程度の量の湯を沸かす。
火を止めて⅕量の水（湯が1ℓなら200㎖）を注ぎ、
卵を静かに入れる。そのまま12分おいて取り出す。

2 牛肉は一口大に切る。
長ねぎは太めの斜め切り、小ねぎは小口切り、
ピーマンとにんじんはせん切りにする。

3 フライパンを熱して牛脂を入れる。
牛脂が少し溶けたら、牛肉を加えて炒める。
牛肉に軽く火が通ったら、
長ねぎ、ピーマン、にんじんを加えてさらに炒める。

4 野菜がしんなりしてきたら
バター、うどん、合わせておいた**A**を加えて、
うどんをほぐしながら全体をからめるように炒める。
汁けが少なくなるまで煮詰める。

5 器に盛り1を割ってのせ、
小ねぎを散らせば完成。

ウマ辛！混ぜビーフン

こちらは、休日の昼にサッと作って家族に振る舞えば歓声が上がること必至、簡単なのに奥深い味わいがクセになる、混ぜビーフンであります！こだわりは、仕上げにかける特製ソース。これはバリのサンバルソース（P.89）をアレンジしたもので、ピリッと刺激的で旨味たっぷりな味わい。余ったら、ドレッシングとしても使えますヨ！

材料（2人分）

えび（ブラックタイガーなど）……6尾
卵……2個
グリーンアスパラガス……6本
たけのこ（水煮）……100g
桜えび……大さじ½
カシューナッツ……大さじ2（20g）
ビーフン……150g
にんにく（みじん切り）……1片
赤とうがらし……1本
豆苗……適量
ライム……1個
削り節……適量
オリーブ油……大さじ2

【A】

シュリンプペースト※1……小さじ½
バワンメラ※2……6〜8個
にんにく……1片
赤とうがらし……3〜4本
ライムの搾り汁……1個分
ナンプラー……大さじ2
砂糖（あれば黒砂糖）……大さじ1
オイスターソース……小さじ1
オリーブ油……大さじ2
水……大さじ2
※1 なければ干しえび大さじ1（7g）で代用
※2 なければエシャロットか
　　玉ねぎ½個とにんにく1片で代用

【B】

めんつゆ（3倍濃縮）……小さじ1
ナンプラー……大さじ1
酒……大さじ1
砂糖……大さじ½

作り方

1 ソースを作る。
Aのバワンメラ、にんにく、赤とうがらしはみじん切りにし、残りの材料と混ぜ合わせる。

2 えびは殻をむいて背わたを取り、水で洗う。
ペーパータオルで水けを拭き取り、塩、こしょう各少々、酒大さじ1（すべて分量外）をふる。

3 アスパラガスは5㎝長さに切り、たけのこは短冊切りにする。

4 ビーフンは袋の表示どおりに戻し、ざるに上げてしっかり湯をきる。

5 フライパンにオリーブ油適量（分量外）をひいて、卵を割り入れ、弱火にして目玉焼きを作り、器にとる。

6 フライパンにオリーブ油をひき、にんにく、ちぎった赤とうがらしを入れて中火にかける。香りが立ったら、2と3を加えて炒め、桜えびとカシューナッツも加えてざっと炒めたら、合わせておいたBで味を調える。

7 器に4を盛り、5と6をのせる。豆苗をトッピングし、1をかけて削り節を散らす。仕上げにオリーブ油（分量外）をひと回しかけ、半分に切ったライムを添えて完成。

ちょっと贅沢な
屋台の焼きそば

ミウラーメンセット

材料（2人分）

豚バラかたまり肉……200g
キャベツ……¼個
中華麺（蒸し）……2玉
サラダ油……大さじ4
紅しょうが……適量
青海苔……適量

【A】
　ウスターソース……大さじ4
　お好み焼きソース……大さじ2
　オイスターソース……大さじ1

え、普通の焼きそば!? って思ったでしょ。ただのソース焼きそばとあなどるべからず。簡単だからこそ、ちょっとのこだわりで断然ウマくなるんです。具は、キャベツと豚肉だけですが、かたまり肉を厚めに切って使うので、食べ応え十分。そして3種類のソースの旨味がフライパンの中で一体化。シンプルかつ贅沢なこのおいしさは、屋台では味わえないと思うなぁ～！

ちょっと贅沢な 屋台の焼きそば

作り方

1 豚肉は1～1.5cm厚さにスライスし、
塩、こしょう各少々（分量外）をふる。キャベツは一口大に切る。

2 中華麺は袋のまま
電子レンジ（600W）で30秒加熱する。

3 フライパンにサラダ油大さじ2をひいて中火にかけ、豚肉を焼く。
肉の色が両面変わったら、**2**と残りのサラダ油を加え、麺をほぐす。
あまり触らないようにして、麺に焼き目をつける。

4 麺に焼き目がついたら麺と豚肉をフライパンの端に寄せて、
あいたところにキャベツを加える。
キャベツの上に麺と豚肉をのせ、蒸し焼きにする。
蒸気が出るまで触らない。

5 蒸気が出てきたら全体をざっと混ぜて**A**をすべて加え、
ソースが全体にからむように炒め合わせる。
器に盛り、紅しょうがを添えて
青海苔を散らしたら出来上がり。

材料（2人分）

鶏もも肉……1枚（約200g）
鶏むね肉……1枚（約200g）
ゆで卵……2個
長ねぎ……2本
春菊……½袋
中華麺（生）……2玉
ごはん……2膳分
白ごま、山椒、
しょうが（すりおろし）
　　……各適量

【鶏スープ】（作りやすい分量）
手羽先……400g
にんにく……1片
しょうが ……かけ
長ねぎ（青い部分）……1本
玉ねぎ……½個
にんじん……⅓本
りんご……¼個
水……2ℓ

【だし】（作りやすい分量）
昆布……17g
削り節……15g
水……1.5ℓ

【塩だれ】（作りやすい分量）
干し貝柱……3個
だし……90㎖
酒……90㎖
塩……大さじ1＋½
薄口しょうゆ……小さじ½
オイスターソース……小さじ½

【鶏チャーシューの漬けだれ】
鶏スープ……大さじ2
だし……大さじ2
塩だれ……大さじ1

【鶏チャーシュー丼のたれ】
鶏スープ……大さじ2
しょうゆ……大さじ1
酒……大さじ1
みりん……大さじ1
砂糖……小さじ1

ラーメンをスープから自分で作る。これって男のロマンっすよね!! もちろん、時間と手間はたっぷりかかりますが、作業自体はいたってシンプル。ひたすら煮込む! アクを取りながら待つ! つまり、ヤル気と根性さえあれば絶品スープができるわけです。鶏肉で作るチャーシューも、しっとりやわらかでこれまたウマい。ごはんにのせればラーメンのお供の丼に。長いレシピに負けず（笑）、頑張って作るだけの甲斐はありまっせ!

ミウラーメンセット

作り方

1 鶏チャーシューを作る。脂身を取り除いた鶏もも肉と鶏むね肉は、切り目を入れて平らに開く。皮目を下にしてくるくる巻き、たこ糸を等間隔に巻きつける。

2 鶏スープを作る。手羽先は切り目を入れ、他の材料とともに鍋に入れて弱火にかけ、アクを取りながら煮る。煮汁が減ってきたら、最初の量の⅔を保つように水を足し、1時間30分煮る。1を加え、30分煮て取り出す。スープはペーパータオルで濾す（残った手羽先もおいしいので召し上がれ）。

3 だしをひく。鍋に昆布と分量の水を入れて強火にかけ、煮立ったら中火にして2時間煮る。最初の量の⅔を保つように途中で水を足す。2時間煮たら昆布を取り出し、再び強火にして沸騰したら火を止め、削り節を一気に入れる。削り節が鍋底に沈んだら、ざるで濾す。

4 塩だれを作る。干し貝柱は細かく刻み、ほかの材料とともに鍋に入れて弱火にかけ、煮立ったら火を止めてざるで濾す。

5 ファスナー付き保存袋に、鶏チャーシューの漬けだれの材料、2の鶏チャーシュー、ゆで卵を入れてたれをなじませ、冷蔵庫で30分おく。取り出して鶏肉は1㎝厚さに、ゆで卵は半分に切る。

6 鶏チャーシュー丼のたれを作る。鍋にすべての材料を入れて火にかけ、煮立ったら弱火にして煮詰める。

7 長ねぎはしらがねぎにする（→P.32）。春菊は食べやすい長さに切る。中華麺はゆでてしっかり湯をきる。

8 鍋に2の鶏スープと3のだしを500㎖ずつ入れて温める。ラーメン用のどんぶりを2つ用意し、それぞれに4の塩だれを大さじ1＋½入れ、温めたスープを半量ずつ注ぎ、ゆでた麺を入れる。5としらがねぎ、春菊をのせてラーメンの完成。

9 ラーメンのお供の鶏チャーシュー丼は、どんぶりにごはんを盛り、残りの鶏チャーシューをのせて、6を回しかける。白ごま、山椒をふり、おろししょうがと、しらがねぎをトッピングして召し上がれ。

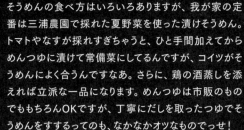

そうめんの食べ方はいろいろありますが、我が家の定番は三浦農園で採れた夏野菜を使った漬けそうめん。トマトやなすが採れすぎちゃうと、ひと手間加えてからめんつゆに漬けて常備菜にしてるんですが、コイツがそうめんによく合うんですなあ。さらに、鶏の酒蒸しを添えれば立派な一品になります。めんつゆは市販のものでももちろんOKですが、丁寧にだしを取ったつゆでそうめんをすするってのも、なかなかオツなものでっせ！

夏野菜の 漬けそうめん

材料（2人分）

鶏むね肉……1枚（約200g）
トマト……中2個
なす……2本
玉ねぎ……小½個
赤とうがらし……2本
みょうが……2本
青じそ……10枚
しょうが……½かけ
梅干し……1個
そうめん……4束（200g）
酒……大さじ3
塩……少々
黒こしょう……少々
ローズマリー……1本
揚げ油……適量

【めんつゆ】（作りやすい量）
　昆布……5g
　削り節……20g
　しょうゆ……200㎖
　みりん……200㎖
　水……600㎖

作り方

1　めんつゆを作る。鍋に分量の水、昆布を入れ、1時間ほどおく。中火にかけ、煮立つ直前に昆布を取り出し、しょうゆとみりんを加え、煮立ったら弱火にして削り節を加える。10分煮て火を止め、ざるで濾す。粗熱がとれたら冷蔵庫で冷やす。

2　鶏の酒蒸しを作る。鶏肉は耐熱皿に置いて、酒、塩、こしょうを両面にすりこみ、ローズマリーをのせる。ラップをかけ、30分～1時間冷蔵庫に入れて味をなじませる。電子レンジ（600W）で7分加熱する。冷めたら1㎝厚さに切る。

3　漬けトマトを作る。トマトはへたを取り、へたの反対側に十文字の切り目を入れる。鍋に湯を沸かし、トマトを入れる。10秒ほどしたら湯から上げて氷水にとり、皮をむく。保存容器などにトマトを入れ、1をひたひたに注ぎ、冷蔵庫で1時間～半日漬ける。

4　漬けなすを作る。なすは一口大の大きさに切り、水けがあればふく。玉ねぎは繊維に沿って薄切り、赤とうがらしは輪切りにする。鍋に揚げ油を入れて170℃に熱し、なすを入れて紫色が鮮やかになるまで1～2分揚げる。ボウルや保存容器などに、揚げたなすと玉ねぎ、赤とうがらしを入れ、1をひたひたに注ぎ、冷蔵庫に入れて30分以上おく。

5　そうめんは袋の表示どおりにゆでて流水で洗う。ざるに上げて水をきり、器に盛る。2、3、4、せん切りにしたみょうが、青じそ、しょうが、種を取り除いて包丁で叩いた梅干しをのせ、めんつゆ適量をかけて完成。野菜を漬けていためんつゆもかければ、風味アップ！

冷蔵庫に中途半端に残りがちな野菜を無駄なくおいしく食べるために考案したのがこのメニュー。〝あんかけ〟にすると、野菜がメインでもガツンと食べ応えが出るんですよね。使う野菜は、レシピどおりじゃなくても何でもOK！ 季節の野菜でいろいろ試すのもアリです。あ、食べてる途中で飽きてきたら、酢ねぎをちょい足しするのがオススメです！

〝野菜やっつけ〟あんかけ焼きそば

材料（2人分）

えび……100g（ブラックタイガーなど）
うずらの卵（水煮）……6個
にんじん……½本
生しいたけ……2枚
たけのこ（水煮）……100g
さやえんどう……10枚
にんにく（みじん切り）……½片
中華麺……2玉
練りからし……適量
水溶き片栗粉（水大さじ2＋片栗粉大さじ1）
　……適量
ごま油……大さじ2

【A】
　鶏ガラスープ……1カップ
　しょうゆ……大さじ1
　オイスターソース……大さじ1
　酒……大さじ1
　砂糖……少々

【B】
　酢……大さじ1＋½
　長ねぎ（みじん切り）……⅓本

作り方

1 えびは殻と背わたを除き、片栗粉適量（分量外）をまぶして水洗いする。ペーパータオルで水けをよく取り、塩少々（分量外）をふる。たけのことにんじんは細切り、しいたけは薄切りにする。さやえんどうは筋を取って、斜め半分に切る。

2 中華麺は袋のまま電子レンジ（600W）で1分程度加熱する。よく熱したフライパンにごま油大さじ1をひいて、麺を入れる。やや強火で炒め表面に少し焼き目をつけ、皿に盛る。

3 麺を取り出したフライパンを再び熱し、残りのごま油をひく。にんにくを入れて中火で炒め、香りが立ったらえびを加えて炒める。えびに火が通ったら、にんじん、生しいたけ、たけのこ、さやえんどうを順に加えて炒め、最後にうずらの卵を加えてサッと炒める。

4 合わせておいたAを加えて煮立たせ、菜箸などで混ぜながら水溶き片栗粉を少しずつ加える。とろみがついたら火を止めて2にかける。ごま油少量（分量外）をたらし、練りがらしを添えれば完成。Bを合わせた酢ねぎをかけると、ひと味違うさっぱりした味わいを楽しめます！

収穫の喜びは格別。
それを分かち合うのも楽しい

NoRE

NORF

畑を始めたのは2010年ごろだったかな。以前から「いつか自給自足の暮らしをしてみたい」と思っていたので、地元の先輩がお父さんの畑を受け継いで「一緒にやらない?」と誘ってくれたときは「やります!」と即答。最初にやったのは、玉ねぎとじゃがいもを収穫すること。こりゃ楽し〜! と思ったのですが。

収穫後に植えた夏野菜が、大失敗。うまく実がならなかったんです。「むむ、苗を植えるだけじゃダメっぽい。農業って簡単じゃないぞ、面倒くさいぞ!」ということが分かってきました。でも、収穫した野菜で料理を作るのは、すっごい楽しかったんですよね。というわけで、この楽しさを味わうためには畑にもしっかり向き合わねば、と覚悟を決めたわけです。

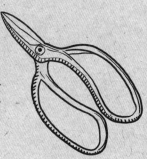

そうやって、通称「三浦農園」で四季を通じていろいろな野菜を育て、ノーフ(農夫)として経験を積みましたが、まだまだ試行錯誤の連続。サーフィンと同じで、農業も自然が相手だから、とにかく思うようにいかない。波も天気も、自分の力ではどうにもできないでしょ? でも、その変化を敏感に感じとることはできる。それが面白いんですよね。

同じ波は二度と来ないし同じ野菜もふたつとない「一期一会」な喜びがあることも、サーフとノーフの共通点。ただ、その喜びを、おいしい野菜をおすそわけすることでたくさんの人と一緒に味わえるというところは、農業ならではの楽しさなのかもしれないな〜。

Chapter 4
肉が食べたい!

このレシピを思いついたのは、子どもの頃から大好きなハンバーグ専門店に久々に出かけたのがきっかけ。昔から変わらない超ビッグサイズのハンバーグは、牛肉100％ですこぶるジューシー。で、コレを自分なりにアレンジしたら……と考えました。ポイントは、ハンバーグのタネの中にすりおろした玉ねぎとにんじんを入れているところ。手間も省けて栄養満点、そして、よりジューシーかつフワフワに。煮込んでてチーズがはみ出したとしても、そいつは愛嬌ってことで。

煮込み ビッグハンバーグ

材料（2人分）

牛ひき肉……400g
玉ねぎ……½個
にんじん……½本
しめじ……1パック
ブロッコリー……½個
プロセスチーズ（かたまり）……適量
トマト缶……1個
にんにく……2片
赤とうがらし……1個
塩……小さじ½
黒こしょう……少々
白ワイン……小さじ1
オリーブ油……大さじ3

【A】
　卵……1個
　牛乳……大さじ2
　パン粉……大さじ2
　トマトケチャップ……少々
　ナツメグ……少々
　塩……小さじ½
　黒こしょう……少々

【B】
　ごはん……2膳分
　フレッシュバジル（みじん切り）……適量
　パルメザンチーズ（粉）……適量

作り方

1 たまねぎ、にんじん、にんにく1片はすりおろし、
大きめのボウルに入れる。
牛肉とAをすべて加え、粘りが出るまで手でよくこねる。
冷蔵庫で30分ほどおく。

2 フライパンにオリーブ油大さじ2と
残りのにんにくを入れ、弱火にかける。
香りが立ったらにんにくをフォークで潰し、
手でちぎった赤とうがらしを加える。
石づきを切り落とし小房に分けたしめじを加えて炒める。
トマト缶と白ワインを加え、
塩、こしょうをして5分煮込む。

3 1を2等分にし、それぞれの中心に
棒状に切ったプロセスチーズを埋め込むように
形を整える。

4 別のフライパンに残りのオリーブ油をひいて中火で熱し、
3を焼く。焼き色を付けたら、やわらかいのでそっと返し、
蓋をして弱火で4分程度蒸し焼きにする。

5 2を加え、弱火で15分ほど煮込む。
小房に分けて下ゆでしたブロッコリーを加える。

6 Bを混ぜ合わせたバジルライスと一緒に
器に盛り合わせて完成。

材料（4〜5人分）

丸鶏……1羽（1〜1.2kg）
じゃがいも……4個
にんじん……2本
かぼちゃ……⅛個
にんにく……1個
ローズマリー……4〜5本

【A】
　にんにく（すりおろし）……1片
　塩……小さじ2
　黒こしょう……少々
　オリーブ油……大さじ1＋½

【B】
　バター……15g
　白ワイン……大さじ1＋½
　塩……少々
　黒こしょう……少々
　しょうゆ……小さじ1
　はちみつ……小さじ½
　水溶き片栗粉
　（水大さじ2＋片栗粉大さじ1）……適量

作り方

1 丸鶏は外側と内側（腹の中）をしっかり洗い、ペーパータオルで水けを拭き取り、全体に**A**をすり込む。内側までしっかりすり込んだら、尻のほうからローズマリーを2〜3本詰める。

2 天板にのせ、周りに、よく洗って皮つきのまま乱切りにしたじゃがいも、にんじん、かぼちゃ、1片ずつに分けたにんにくを置く。全体に残りのローズマリーの葉を散らす。

3 200℃のオーブンに入れ、約1時間30分焼く（丸鶏のサイズによって調整）。

4 ソースを作る。天板に残った肉汁をフライパンに移し、**B**を水溶き片栗粉以外すべて加え、ひと煮立ちさせる。火を止めてよく混ぜながら水溶き片栗粉を加え、とろみをつける。

5 器に焼き上がった鶏と野菜を盛り、あればローズマリーを飾る。4のソースを添えて完成。

丸鶏を使ったローストチキンは、見た目が豪華なだけに難易度が高いと思われがちですが……実はチョー簡単。唯一の難関は、精肉店で予約して丸鶏を確実に手に入れることかな!? でもそれさえクリアすれば、ごちそう感はハンパないし、みんなは喜んでくれるしで、クセになるハズ。そうそう、余ったチキンは、翌日にほぐしてごはんにのっけてグレイビーソースをかけ、小ねぎをパラパラッと散らした丼にすれば、これまたウマいですよ〜。

ローズマリー風味の ローストチキン

ゴージャスな家飲みを楽しむならば、豚かたまり肉をオーブンでじっくりと焼いてジューシーに仕上げたローストポークはいかが？　豚肉にはトマトソースも合うけれど、ぜひこのはちみつレモンソースで食べていただきたいっ！　見た目は地味ですが、このソースは豚肉の旨味を引き立てる素晴らしい働きをしますから、食べた人を「ウマい！」と驚かせ、場を盛り上げてくれる一品になること間違いナシです。

はちみつレモンソースの
ローストポーク

材料（3～4人分）

豚肩ロース肉……1kg
里いも……8個
片栗粉……適量
塩……適量
揚げ油……適量

【A】
　塩……小さじ1
　黒こしょう（粗びき）……小さじ1
　にんにく（すりおろし）……1片
　ローズマリー（葉をちぎる）……2本
　オリーブ油……大さじ1

【B】
　白ワイン……大さじ1＋½
　はちみつ……大さじ1
　バター……20g
　レモン汁……½個分

作り方

1 豚肉はたこ糸を巻き、
全体にAをすり込む。

2 フライパンにオリーブ油大さじ1（分量外）をひき
中火にかけて1を焼く。
全体に焼き色がついたら天板にのせ、
160℃のオーブンで、70～80分焼く。

3 豚肉をオーブンから取り出し、
アルミホイルに包んで30分ほどおく。

4 里いもは皮をむき、一口大に切る。
片栗粉をまぶし、
160℃の油で里いもがやわらかくなるまで揚げる。
最後に高温にし、カラッと揚げて取り出し、塩をふる。

5 ソースを作る。2のフライパンに、
天板とアルミホイルに残った肉汁をあけ、
Bの白ワインとはちみつを加えて中弱火にかける。
ふつふつしてきたらバターを加え、
とろみが出るまで煮詰める。
火を止め、レモン汁を加えて混ぜる。

6 3を好みの厚さに切り、4を添え、
お好みでベビーリーフなどと器に盛る。
5のソースをかけて召し上がれ。

材料（2人分）

豚ロース肉……500g
キャベツ……½個
白ごま……適量
サラダ油……大さじ1

【A】
　玉ねぎ（すりおろし）……中1個分
　しょうが（すりおろし）……大さじ2
　しょうゆ……大さじ3
　酒……大さじ3
　みりん……大さじ3
　はちみつ……小さじ1

我が家のステーキに欠かせないのが、おろした玉ねぎとにんにくに、しょうゆ、みりん、はちみつを合わせた「GOS＝ゴールデン・オニオン・ソース（P.46）」。ハッキリ言ってそのままごはんにかけてもウマい。そんな僕のテッパンソースを豚のしょうが焼き用にアレンジしたのが、「GOSS＝ゴールデン・オニオン・ショウガ・ソース」。ソースを存分に楽しみたいので、漬け込むだけでなく、焼いた肉にもたっぷりかけて食べるスタイルにしました！

豚のGOSS焼き

作り方

1 ファスナー付き保存袋に
Aをすべて入れる。
豚肉を加えて軽く揉み込み、
5〜10分程度おく。

2 キャベツはせん切りにし、
5分程度冷水にさらしてシャキッとさせ、
水けをきる。

3 フライパンにサラダ油大さじ½をひいて中火で熱し、
1の半量を重ならないように広げて焼く。
両面に焼き色がついたら
袋に残ったソースの半量を加えて肉にからめる。
2を盛った器に肉をとり、
ソースを煮詰めて肉にかける。
フライパンを洗い、
残りの肉を同じように焼き、器に盛る。

4 仕上げに白ごまをふりかける。
お好みでマヨネーズを添えて。

バリ風チキンソテー

鶏の唐揚げと
サンバル風ソース

バリで定番のたれ、サンバルマタをたっぷりのせたチキンソテーは、サーフトリップで覚えた味のひとつ。サンバルマタの「マタ」は生のという意味で、その名のとおり火は使わず、香味野菜やハーブを刻んで調味料と混ぜるだけ。何を入れるかは人それぞれなんだけれど、今回はバリの友人アンディのお母さんに教えてもらったレシピです。ビールにはもちろん、意外とごはんにも合っちゃいます。

バリ風チキンソテー

材料（2人分）

鶏むね肉……2枚（約450g）
パクチー……適量
ライム……½個
塩……少々
黒こしょう……少々
サラダ油……大さじ1

【A】

シュリンプペースト※1……小さじ½
バワンメラ※2……6〜8個
にんにく……1片
生とうがらし（赤、青）……1〜3本
レモングラス……2本
こぶみかんの葉……2枚
ココナッツオイル……大さじ1
岩塩……小さじ½
砂糖……少々
※1 なければ干しえび大さじ1（7g）で代用
※2 なければエシャロットか、
玉ねぎ½個とにんにく1片で代用

作り方

1 サンバルマタを作る。
ボウルにAのバワンメラ、にんにく、生とうがらし、レモングラス、こぶみかんの葉をすべてみじん切りにして入れる。
シュリンプペースト、ココナッツオイル、岩塩、砂糖を加え、よく混ぜ合わせる。

2 鶏肉は塩、こしょうをふる。
フライパンにサラダ油をひき中火にかけて鶏肉を入れる。
フライ返しで押さえながら、こんがりと焼き目がつくまで両面を焼く。

3 食べやすいようにスライスして器に盛り、1をたっぷりのせて、パクチーを添える。
ライムを搾って召し上がれ！

材料（2人分）

鶏もも肉……1枚
鶏むね肉……1枚
にんにく……1片
しょうが……1かけ
酒……大さじ1
塩……小さじ½
片栗粉……適量
しらがねぎ、パクチー、ライム……適量
揚げ油……適量

【A】

シュリンプペースト※1……小さじ½
バワンメラ※2……6〜8個
にんにく……1片
赤とうがらし……1本
生とうがらし（青）……1本
トマト……中1個
塩……小さじ⅓強
砂糖……小さじ½
オイスターソース……小さじ1
ココナッツオイル……小さじ1
※1 なければ干しえび大さじ1（7g）で代用
※2 なければエシャロットか、
玉ねぎ½個とにんにく1片で代用

作り方

1 鶏肉は一口大に切る。ボウルに鶏肉を入れ、
すりおろしたにんにくとしょうが、酒、塩を加えて
よく混ぜ合わせ、30分〜1時間おく。

2 ソースを作る。
フードプロセッサーやすり鉢に、
Aのココナッツオイル以外の材料をすべて入れてすり潰す。
（トマトやバワンメラはあらかじめ
2cm角程度に切っておくとすり潰しやすい）

3 熱したフライパンにココナッツオイルをひき、
2を加えて中火で炒める。
ある程度水けがとんだら、器に取って冷ます。

4 1と片栗粉を適当な大きさのポリ袋に入れてよくふり、
鶏肉に片栗粉をまんべんなくつける。

5 揚げ鍋またはフライパンに、
揚げ油を鶏肉がひたひたになる程度入れて、
約180℃に熱する。油に衣を落とし、
すぐに浮き上がってきたら適温のサイン。
4を入れ、きつね色なったら、
返してさらにこんがりするまで揚げる。

6 ソースと一緒に器に盛り、
しらがねぎ（→P.32）とパクチーを添えて出来上がり。
食べる前にライムを搾るのを忘れずに！

鶏の唐揚げと サンバル風ソース

サーフトリップで訪れたインドネシアのロンボク島で初めて食べたサンバル
ソース。そのおいしさに感動して厨房まで押しかけ、作り方を教えてもらいまし
た。ピリッとしたとうがらしの刺激と豊かなコクの塩梅が絶妙で、肉にも魚に
も野菜にも合うし、何ならコレだけでごはん何杯でもイケちゃうんですが、僕
的なベストパートナーは鶏の唐揚げ。この黄金コンビ、間違いないっす！

撮影で訪れたイタリアが忘れられず作った料理のひとつ。ところで、本場のミラノ風カツレツって牛肉を薄ーくのばしてるじゃないですか？ あれはあれでおいしいんですが、あの肉をステーキみたいに分厚くしたら、もっとジューシーでウマいんじゃないかと……。で、やってみたら想像どおり！ オリーブ油とアンチョビや黒オリーブなどを混ぜ合わせたソースを添えて、イタリアの風もたっぷり吹かせた "ミラノ風" ならぬ "ミウラノ風" カツレツ、ぜひお試しあれ！

ミウラノ風カツレツ

材料（2人分）

牛ヒレ肉……2枚（1枚約100g）
卵……1個
牛乳……大さじ2
パン粉……40g
パルメザンチーズ（粉）……大さじ2
小麦粉……適量
ルッコラ……1束
パルミジャーノ・レッジャーノ……適量
オリーブ油……適量

【A】
アンチョビ（みじん切り）……4枚
にんにく（すりおろし）……½片
黒オリーブ（みじん切り）……3個
赤とうがらし（輪切り）……2本
バジル（みじん切り）……大さじ1
玉ねぎ（みじん切り）……⅛個
はちみつ……小さじ½
レモン汁……大さじ1
塩、こしょう……各少々
オリーブ油……大さじ2

作り方

1 Aを全部ボウルで混ぜ合わせてソースを作る。

2 牛肉は麺棒などで軽く叩いてひとまわり程度大きくなるようにのばし、両面に塩、こしょう（ともに分量外）をふる。

3 別のボウルに卵を溶きほぐし、牛乳を加えてよく混ぜる。バットにパン粉とパルメザンチーズを入れてよく混ぜる。別のバットに小麦粉を広げる。

4 2に小麦粉、卵液、小麦粉、卵液、パン粉の順に衣をつける。小麦粉は薄くまぶすこと。

5 フライパンに深さ1cm程度にオリーブ油を入れて熱し、4を両面がきつね色になるまで揚げ焼きにする。

6 食べやすい大きさに切って器に盛り、スライスしたパルミジャーノ・レッジャーノ、1をのせて、ルッコラを添えたら出来上がり。

高校を卒業してすぐの頃、弁当屋でバイトをしていたことがあります。そこの断トツ一番人気だったのが、ハンバーグ弁当。僕もまかないでコレばっかり食べていたので、あの頃の僕はハンバーグ弁当でできていたと言ってもいいくらい（笑）。そんな青春時代の象徴であるハンバーグを進化させたのがコチラ！ にんにくでパンチをきかせたハンバーグに、これまたにんにくたっぷりの濃厚なソースをかければ……もうハッキリ言って、思い出のハンバーグを超えちゃいました。

ガーリック ハンバーグ

材料（2人分）

牛ひき肉……300g
牛脂……1個
玉ねぎ……¼個
じゃがいも……2個
ブロッコリー……適量
にんにく……1片
オリーブ油……大さじ1

【A】
卵……1個
パン粉……大さじ2
トマトケチャップ……小さじ1
ナツメグ……少々
塩……小さじ½
黒こしょう……少々

【B】
玉ねぎ……⅛個
にんにく……2片
ベーコン……2枚（約30g）
デミグラスソース（市販品）……½缶
赤ワイン……大さじ3
コーヒー（無糖）……大さじ1
水……大さじ4
バター……20g
オリーブ油……大さじ1

作り方

1 玉ねぎ、にんにくはすりおろし、牛脂は細かく刻んでボウルに入れる。牛肉とAをすべて加え、粘り気が出るまで手でよくこねる。

2 手にオリーブ油少々（分量外）をつけて1を2等分し、キャッチボールをするようにして中の空気を抜き、厚めの小判形にする。中央をへこませてバット等に並べ、ラップをかけて冷蔵庫で30分ほどおく。

3 じゃがいもはよく洗い皮つきのまま包丁で十字に切り目を入れる。耐熱皿に入れて軽くラップをかけ、電子レンジ（600W）で7分加熱する。取り出して、アルミホイルで下半分を包み、200℃のオーブンで5分ほど焼く。ブロッコリーは小房に分けてゆでる。

4 フライパンにオリーブオイルをひいて中火で熱し、2を焼く。片面を3分ほど焼いたら返して蓋をし、3分ほど蒸し焼きにする。蓋を取って再度返して少し焼き、中央を押して透明な肉汁が出てきたら焼き上がり。

5 ソースを作る。Bの玉ねぎ、にんにくは薄くスライスする。ベーコンは3cm幅に切る。ハンバーグを取り出したフライパンにオリーブ油を入れて中火で熱し、玉ねぎ、にんにく、ベーコンを加えて炒める。香りが立ったらデミグラスソース、赤ワイン、コーヒー、水を加えて混ぜ合わせる。最後に、バターを加えて混ぜながら少し煮詰める。

6 器に盛った4にソースをかけ、3の野菜を添えて完成。

2年ほど前に、鶏料理といえば本場は宮崎の専門店で修業をしたんです。鶏肉の下ごしらえをしたり、名物の炭火焼きの作り方を教えてもらったりしながら、みっちり1週間。なかなかハードでしたが、楽しかった〜。そのときにまかないで食べたチキン南蛮がめっちゃウマくて、伝授してもらってきました。秘密はつけだれに玉ねぎを少々加えること。タルタルソースもやっぱり手作りがウマいので、ぜひこのレシピでトライしてみて！

本場仕込みの
チキン南蛮

材料（2人分）

鶏もも肉……400g
小麦粉……適量
溶き卵……1〜2個分
生野菜……適量
揚げ油……適量

【A】
ゆで卵（みじん切り）……4個分
玉ねぎ（粗みじん切り）……½個
マヨネーズ……大さじ4
トマトケチャップ……小さじ1
レモン汁……大さじ1
レモンの皮（すりおろし）……少々
パセリ（みじん切り）……小さじ1

【B】
しょうゆ……大さじ4
砂糖……大さじ4
酢……大さじ4
玉ねぎ（薄切り）……2〜3枚

作り方

1 Aをすべてボウルに入れて混ぜ合わせ、タルタルソースを作る。

2 別の大きめのボウルにBをすべて入れて混ぜ合わせ、つけだれを作る。

3 鶏肉は一口大に切って、塩、こしょう少々（ともに分量外）をふる。小麦粉をまぶし、余分な粉をはたいて溶き卵にくぐらせ、170℃に熱した揚げ油で5分ほど揚げる。揚げている音が「じゅわわわ」から「ピチピチ」と高温になったら揚げ上がり。

4 熱いうちに2に入れ、ざっと混ぜて3分ほどおく。

5 器にレタスやベビーリーフ、ミニトマトなどの生野菜と一緒に盛り付け、1をかけて完成！

サーフトリップで出合った
魅惑のアジア食材

ASIAN FOODS

バリ島を中心に、サーフトリップの行き先はたい
てい東南アジア。そこで出合った料理から生ま
れたレシピはたくさんあります。店で食べてウマい！と
思ったら、滞在中に何度も通って、レシピのヒントを教
えてもらうこともしばしば。そんなヤミツキなアジア料理
の味の決め手となるのが、調味料やハーブなど独特の
アジア食材。日本でも買えるものが増えたので、うれし
い限り！ というわけで、この本のレシピにも登場するア
ジア食材あれこれをご紹介します！

ASIAN FOODS

ナンプラー

エスニック料理に必須のナンプラーは、
魚の塩漬けから作られる発酵調味料。
クセのある風味と
ぎゅっと凝縮した魚の旨味が、
エスニック料理独特の
深〜い味わいのもと
となるわけですな。

レモングラス

その名のとおり、レモンの香りのするハーブ。
タイ料理のトムヤムクンにも
使われている細長い葉っぱです。
鶏肉や魚介料理との相性抜群。
ナンプラーやココナッツミルクとも
よく合います。

ライム

エスニック料理といえば
「辛い」「甘い」そして「酸っぱい」の
組み合わせの妙がウマいのですが、
その酸味にはやっぱりレモンよりライム。
レモンより刺激はマイルドで、
爽快な香りと風味が辛味によく合うんだなぁ。

シュリンプペースト

インドネシアではトラシ、タイだとカピと呼ばれる
ペースト状の調味料。えびの塩漬けを
発酵させたもので、とにかく旨味が強い!
炒めると香ばしい風味になるので、
チャーハンなどにもGoodです。

バワンメラ

タイ料理や
インドネシア料理に欠かせない
小さな赤玉ねぎ。
普通の玉ねぎより香りと風味が
格段に強くてウマい!
炒め物にはもちろん、
バリ料理の定番の
サンバルソースにも
必須の香味野菜です。

ココナッツオイル

インドネシアの人に教わったサンバルソースの
レシピに入っていたのをきっかけに使うようになった
ココナッツオイル。不思議な甘い風味は、
やっぱり辛～い料理と
相性がいいような気がします。

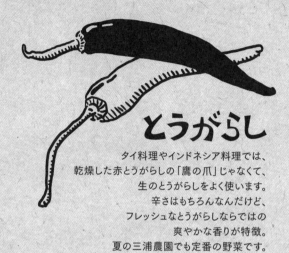

とうがらし

タイ料理やインドネシア料理では、
乾燥した赤とうがらしの「鷹の爪」じゃなくて、
生のとうがらしをよく使います。
辛さはもちろんなんだけど、
フレッシュなとうがらしならではの
爽やかな香りが特徴。
夏の三浦農園でも定番の野菜です。

こぶみかんの葉

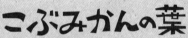

小さな緑色の丸い実をつける
柑橘の樹木の葉っぱ。
タイではバイマックルーと呼ばれます。
葉にも強い柑橘系の香りがして、
グリーンカレーなどエスニック料理には
欠かせないハーブです。

パクチー

パクチーの苦味や風味を
ソースの隠し味に使ったり、
メインの葉物野菜としてたっぷり使ったり。
〝パクチスト〟である
僕のレシピには欠かせない野菜。
もちろん、三浦農園でも
わさわさ育ててます！

オイスターソース

人気のタイ料理「ガパオ」の
味の決め手になっているのがこちら。
かきの旨味がギュッと濃縮していて
甘味も感じられる調味料。
ちょっとコクを出したいときに、
隠し味として活躍してくれます。

Chapter 5
あったま～る一品

冷蔵庫に消費期限の迫った牛乳を発見すると、つい作っちゃうのがグラタン。あったかくて素朴で優しくて……なんだかホッとするんですよねぇ。僕にとってグラタンは、大皿で作ってみんなでワイワイ取り分けながら食べるイメージで、これでもか！ってくらい山盛りにしたチーズで、とろ～り濃厚に仕上げるのがお約束。ブルーチーズで優しい中にもパンチをきかせた大人の味わいは、ワインとの相性もバッチリでっせ。

とろっとろチーズの 濃厚チキングラタン

材料（2人分）

鶏もも肉……1枚（約300g）
玉ねぎ……½個
マッシュルーム……4個
牛乳……300㎖
生クリーム……200㎖
小麦粉……大さじ2
ショートパスタ……130g
ピザ用チーズ……100g
モッツァレラチーズ……100g
ブルーチーズ……20g
パルメザンチーズ（粉）……大さじ2
パン粉……大さじ1
塩……少々
白こしょう……少々
バター……20g

作り方

1 鶏肉は一口大に切り、塩とこしょう少々（ともに分量外）をふる。玉ねぎは繊維に沿って薄切りにする。マッシュルームはスライスする。

2 ショートパスタは袋の表示時間どおりにゆで、ざるにあげて湯をきる。

3 フライパンにバターを入れて弱火にかけ、バターが溶けたら中火にして玉ねぎ、鶏肉を加えて炒める。鶏肉の色が変わったら、マッシュルームを加えて炒める。

4 小麦粉をふり入れて弱火にし、焦げないように気をつけながら全体に小麦粉がからむようによく炒め合わせる。牛乳、生クリームを少しずつ加え、だまにならないようへらで全体をしっかり混ぜ合わせながら、中火にしてとろっとするまで煮詰める。

5 2を加えて混ぜ合わせ、塩、こしょうで味を調える。

6 耐熱皿に入れ、ピザ用チーズ、モッツァレラチーズ、ブルーチーズをのせ、パルメザンチーズをふりかける。その上にパン粉をふり、200〜230℃のオーブンで焼き色がつくまで20分ほど焼いて、完成。

材料（2〜3人分）

絹ごし豆腐……1丁（約350g）
豚ひき肉……60g
あさり……200g（砂抜きする→P.49）
卵……2個
長ねぎ……½本
玉ねぎ……½個
にんにく……1片
しょうが……1かけ
小ねぎ（小口切り）……大さじ1
チリパウダー……大さじ2
塩、黒こしょう……各少々
ごま油……大さじ1

【A】
　水……600㎖
　煮干し……15g
　昆布……5g

【B】
　しょうゆ……大さじ1
　白みそ……小さじ1
　はちみつ……小さじ½
　塩、黒こしょう……少々

作り方

1 だしをひく。
鍋にAをすべて入れて
1時間ほどおき、
中火にかける。
煮立ったら火を弱め、
アクを取りながら
10分ほど煮出して
ざるで濾す。

2 長ねぎ、玉ねぎはみじん切りにする。
にんにく、しょうがはすりおろす。

3 鍋にごま油、にんにく、しょうがを入れて
中火にかける。
香りが立ったら、
長ねぎと玉ねぎ、豚肉の順に炒める。
豚肉の色が変わったら
合わせておいたBを加えて
ざっと混ぜ合わせる。

4 1を注ぎ、
あさり、チリパウダーを加えて混ぜる。
煮立ったら塩、こしょうで味を調え、
豆腐をスプーンですくいながら加える。

5 中火で5分ほど煮込み
あさりの殻が開いたら、
火から下ろして卵を割り入れる。
小ねぎをトッピングすれば完成。
辛さが足りなければ、
お好みで一味とうがらしをふって。

スンドゥブチゲ

僕は大の辛いもの好きで豆腐好き。とくれば、寒い季節の定番鍋は……スンドゥブチゲしかないでしょう!! 味の決め手は、煮干しで丁寧にとるいりこだし。多少面倒ではありますが、パンチのきいた本格的な風味を実現するには欠かせないひと手間なんですね。さらに、白みそを使うことで濃厚なコクと甘味を出しているのも僕なりのこだわり。身体が冷え切った寒〜い日は、アッツアツの旨辛鍋で汗だくになるのが一番、なんだなぁ。

旨味潮鍋（うまみしおなべ）

パクチーみぞれ鍋

以前、料亭の人に教わった「究極のだし」。このだしのおいしさを鍋で堪能するならば……と考えた結果、塩だけで味付けするこのレシピにたどりつきました！ 味付けはシンプル、だから食材はちょっと贅沢に。鯛のつみれ、手羽先、そしてはまぐりの旨味にキャベツの甘味がよく合う！ そして、残ったスープを吸わせたスパゲッティで、究極のだしと具材の旨味を味わい尽くすのが正しいシメです。

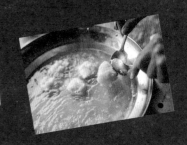

旨味潮鍋

材料（3〜4人分）

鶏手羽先……4本
はまぐり……4〜6個（砂抜きする→P.49）
しらす干し……100g
絹ごし豆腐……1丁（約350g）
キャベツ……1/2個
しめじ……1パック
春菊……1束
長いも……½本
塩……少々
酒……大さじ1
薬味……各適量
（一味とうがらし、バター、柚子こしょうなど）

【A】

利尻昆布……17g
削り節……15g
水……1.5ℓ

【B】

鯛（刺し身用）……1さく（約150g）
長ねぎ……1本
卵白……1個分
片栗粉……大さじ1
酒……小さじ1
塩……ふたつまみ

作り方

1 だしをひく。
鍋にAの水と昆布を入れて強火にかける。
煮立ったら火を弱め、ぐらぐらさせないように
2時間ほどじっくり煮出す。
水を注ぎ足しながら、⅔量（1ℓ）程度を保つ。
昆布を取り出し強火にして、
再び煮立ったら削り節を加えてすぐに火を消し、ざるで漉す。

2 つみれを作る。
Bの鯛は一口大に切り、長ねぎはみじん切りにする。
それらと残りのBの材料を
フードプロセッサーに入れて撹拌し、ペースト状にする。

3 鍋に1を入れて強火にかけ、
沸騰したらはまぐりを入れて、殻が開いたら取り出す。
2をスプーンですくって鍋に落とし入れる。
手羽先、塩と酒を加える。

4 食べやすい大きさに切った豆腐、野菜類を鍋に加え、
しらすをのせて、中火で10分ほど煮る。
はまぐりを戻して完成。
一味とうがらしやバター、柚子こしょうなど
お好みの薬味を添えて、召し上がれ。

5 シメのスパゲッティを作る。スープの残った鍋を中火にかける。
（スパゲッティがつからないようだったら少し水を足す）
沸騰したらスパゲッティ（150g。以下すべて分量外）、
薄切りのにんにく（1片）、
手でちぎった赤とうがらし（1本）を入れて蓋をする。
袋の表示時間の1〜2分前に火を止め、
しらす（100g）とオリーブ油（大さじ2）を加えて
塩（少々）で味を調えたらざっと混ぜ、
小口切りにした小ねぎ（適量）を散らす。

材料（2〜3人分）

有頭えび……3尾
はまぐり……3個（砂抜きする→P.49）
豆腐……1丁（約350g）
白菜……3枚程度
長ねぎ……1本
しめじ……1パック
パクチー……3〜5束（300〜500g）
大根おろし……¼本分
赤とうがらし（小口切り）……1本
にんにく（薄切り）……1片
しょうゆ……50㎖
みりん……50㎖
ナンプラー……大さじ2
だし……500㎖（市販のだしパックで）
片栗粉……適量
揚げ油……適量

【A】

鶏ひき肉……200g
長ねぎ（みじん切り）……½本
パクチー（みじん切り）……½束
卵……1個
塩、黒こしょう……各少々

作り方

1 肉だんごを作る。
ボウルにAをすべて入れ、
粘りが出るまで手でよく混ぜ合わせる。
スプーンで大さじ2杯分くらいをすくって手で丸くまとめる。

2 豆腐は布巾やペーパータオルで包んで水けをきり、
6等分に切る。

3 1と2に片栗粉をまぶす。
揚げ油を180℃に熱し、
豆腐を入れて色よくカリッと揚げ、取り出す。
続いて、肉だんごを4〜5分、色よくカリッと揚げて取り出す。

4 鍋にだし、大根おろし、赤とうがらし、にんにく、
しょうゆ、みりん、ナンプラーを入れて
中火にかける。

5 4が温まったら、一口大に切った白菜、長ねぎ、
石突きを切り落として小房に分けたしめじ、
殻をむき背わたを取ったえび、はまぐり、3を加えて
弱火で15分ほど煮込む。
仕上げに、ざく切りにしたパクチーをたっぷりのせ、
しんなりしたら出来上がり。
お好みでレモンの搾り汁、一味とうがらしをかけ、
さらに追いパクチーをしながら召し上がれ。

パクチーみぞれ鍋

三浦農園で大量に育てているほどの〝パクチスト〟である
僕が、パクチーを山盛り食べるために考案した鍋。具材の
肉だんごと豆腐は片栗粉をまぶし、揚げてから入れるの
がぶっちゃけ面倒ではありますが、騙されたと思って試し
てみてください。スープにコクが生まれて大根おろしと絶
妙にからみ合い、手間の分だけ絶対に満足できます。い
ざ食べるときは、ぜひともつゆだくならぬ〝パクだく〟で。

材料（2人分）

あさり……400g（砂抜きする→P.49）
帆立貝柱（刺し身用）……100g
ベーコン……50g
玉ねぎ……¼個
じゃがいも……1個
にんじん……⅓本
パセリ（みじん切り）……少々
白ワイン……100㎖

牛乳……500㎖
パルメザンチーズ（粉）……大さじ1
小麦粉……大さじ2
パン（カンパーニュなど）……2個
塩……少々
黒こしょう……少々
バター……30g

あるとき、海外ドラマで観たんですよね。パンをくりぬいて、そこにスープを盛っているシーンを。おっ、これいいじゃん！ とひらめいて、クラムチャウダーを入れてみました。パンは丸くてフランスパンタイプの皮がしっかりしているものがいいっすね。あさりは殻つきを使うのが僕のこだわり。むき身でも良いですが、断然ウマいので、面倒くさがらずにぜひ殻つきで！

パンの器で
クラムチャウダー

作り方

1 あさりはよく洗ってフライパンに入れワインを注ぎ、蓋をして火にかける。殻が開いたら火を止め、ボウルにざるを重ねてだしを漉す。身は殻から外す。

2 玉ねぎとベーコンはみじん切りにする。帆立、じゃがいも、にんじんは1〜1.5cm角に切る。

3 パンは上部を切り取って中をくりぬき、オーブントースターで軽く焼く。（くりぬいた部分も軽く焼いて食べましょう）

4 鍋にバターを入れて中火にかけ、玉ねぎとベーコンを加えて玉ねぎが透明になるまで炒める。じゃがいもとにんじんも加え、さらに炒める。

5 小麦粉をふり入れ、焦げないように混ぜながら炒める。全体が混ざったら牛乳を少しずつ加え、よく混ぜる。なめらかになったら、1のあさりだしとあさりの身、帆立、パルメザンチーズを加え、10分ほど煮込む。

6 塩、こしょうで味を調えて、3に盛り、パセリを散らして完成。

材料（2～3人分）

鶏手羽先……600g
長ねぎ（青い部分）……1本
小ねぎ……適量
パクチー……適量
にんにく……1片
しょうが……1片
昆布（10cm角）……1枚
水……1ℓ
酒……150㎖
八角……½個
松の実……小さじ1
クコの実……小さじ1
薄口しょうゆ……40㎖
みりん……40㎖
砂糖……小さじ½

【A】
しょうが（すりおろし）……適量
しょうゆ……適量

作り方

1 鍋に手羽先、長ねぎ、潰したにんにく、スライスしたしょうが、昆布、分量の水を入れる。強火にかけ、煮立ったらアクを丁寧に取る。

2 酒、八角、松の実、クコの実を加え、蓋をして弱火で約1時間煮る。

3 小ねぎは小口切りに、パクチーは食べやすい大きさに切る。

4 2の鍋から長ねぎ、しょうが、昆布、八角を取り出し、薄口しょうゆ、みりん、砂糖を加えて味を調える。

5 器に盛り、3を散らして出来上がり。手羽先にAを合わせた生姜醤油をつけながら召し上がれ。ごはんと一緒に食べるのがオススメ！

手羽先スープ、生姜醤油で

ハワイに行くと必ず食べる大好物のオックステールスープ。日本で気軽に作れるよう、入手しづらい牛テールの代わりに手羽先を使ってみたら、コレが大正解。旨味たっぷりのだしがよく出るし、それほど煮込まなくても肉がホロホロになります。その手羽先を生姜醤油につけるとこれまた激ウマ。鍋に材料を入れて煮るだけの超楽ちんレシピなので、ぜひ！

「料理するオレ」の
ユニフォーム

I ♥ Tee

I ♥ Tee

「**連**載『ミウラメシ』といえば、Tシャツとキャップだよね」と言われたことがあります。こうして並べてみるとそうですね〜。冬なんかはネルシャツやスウェットのときもあるんですけれど、料理って結構動くし、火のそばで暑いんで、やっぱりTシャツが最適です。

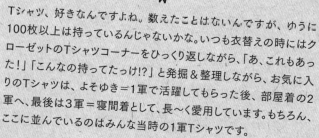

Tシャツ、好きなんですよね。数えたことはないんですが、ゆうに100枚以上は持っているんじゃないかな。いつも衣替えの時にはクローゼットのTシャツコーナーをひっくり返しながら、「あ、これもあった!」「こんなの持ってたっけ!?」と発掘＆整理しながら、お気に入りのTシャツは、よそゆき＝1軍で活躍してもらった後、部屋着の2軍へ、最後は3軍＝寝間着として、長〜く愛用しています。もちろん、ここに並んでいるのはみんな当時の1軍Tシャツです。

そして、キャップ。実は「ミウラメシ」の連載を始めるときに、「（同じ雑誌の）ファッションページに出ているのとは見た目を変えようぜ」ということで、キャップをかぶるようになったんですよ。なのでキャップをかぶると、なんとなく自分でも「料理するオレ」のスイッチが入るような気がします。

「SURF&NORF」とロゴを入れたオリジナルTシャツやキャップを作ったこともありましたね。さて、今日もお気に入りのTシャツを着てキャップをかぶって、何を作ろうかな〜っ!

Chapter 6
酒が進む、白飯が進む！

餃子が気分のときは、お店で食べると一皿の数が少なくて物足りないので、家でたくさん作って気が済むまで腹いっぱい食べたい。自分で作れば具も好きなものを入れられるしね。そんなわけで、作るたびに新たな具をアレコレ試して餃子道を探究しているんですが、こちらは最強の自信作！ガリガリした食感が残るほど大粒のままドッサリ入れたしょうがと隠し味の塩昆布がポイント。ハッキリ言って、餃子の最高の友、ビールが何本あっても足りないです！

ガリガリ生姜餃子

材料（2〜3人分）

豚ひき肉……300g
白菜……¼個
にら……1束
長ねぎ……1本
しょうが……1個（80〜100g）
にんにく……1片
餃子の皮（大判）……40枚
サラダ油……適量
ごま油……適量

【A】
　しょうゆ……小さじ1
　ごま油……小さじ1
　塩昆布（みじん切り）……大さじ1＋½
　黒こしょう……少々

作り方

1 白菜、にら、長ねぎはみじん切りにする。白菜は水分をよく絞る。しょうがは粗みじん切りにし、にんにくはすりおろす。

2 ボウルに1と豚肉、Aを入れてよく混ぜる。餃子の皮で包む。

3 熱したフライパンを一度火から下ろしてサラダ油をひき、2を並べる。中火にかけ、少し焼き色がついたら水100㎖を加えて蓋をし、弱火で5分ほど蒸し焼きにする。

4 蓋を取ってごま油を回しかけ、強火にして水分をとばす。（フライパンに餃子がくっつかないよう、たまに揺らすのがコツ）こんがりと焼き色がついたら完成。お好みのたれをつけてどうぞ！

材料（2人分）

鶏ひき肉……150g
卵……2個
ゴーヤー……1本
バワンメラ※……6〜8個
にんにく……1片
生とうがらし（赤、青）……2〜3本
パクチー……適量
塩……少々
黒こしょう……少々
オリーブ油……大さじ2
※なければエシャロットか
玉ねぎ½個分とにんにく1片で代用

【A】
　酒……大さじ1
　オイスターソース……小さじ1
　砂糖……ひとつまみ

作り方

1 ゴーヤーは縦半分に切り、
種とわたをスプーンで取り除いて
ごく薄くスライスする。
赤とうがらしは斜め切りに、
青とうがらしは小口切りにする。
バワンメラとにんにくは小さめの乱切りにする。

2 フライパンにオリーブ油をひき、
にんにくとバワンメラを入れて中火にかける。
香りが立ったら、鶏肉を加え、
ほぐしながら色が変わるまで炒める。

3 ゴーヤーととうがらしを加えて炒める。
ゴーヤーに軽く火が通ったら、
合わせておいた**A**を加えて混ぜ、
塩、こしょうで味を調える。

4 溶きほぐした卵を回し入れ、ざっと混ぜる。
卵に火が通ったら、器に盛り、
ちぎったパクチーを散らして、完成！

濃〜い緑に独特の苦味がいいっすよねぇ、ゴーヤーって。このゴーヤーチャンプルーは、バリでたまたま入った店で食べたのがめちゃめちゃウマくて、滞在中に通い詰めて作り方を教えてもらったもの。バリの定番ソースのサンバルに使われている、バワンメラっていう小さい赤玉ねぎがたっぷり入るのがポイント。にんにくと玉ねぎを合わせたみたいな強い香味でウマいんだな〜。あとは、生のとうがらしでフレッシュな辛さをきかせれば、バリの味でっせ！

バリ風ゴーヤーチャンプルー

ホイル焼きって、旬の野菜や魚を包むだけでおいしくできるから、家ではもちろんキャンプでもよく作るんですよね。味付けはポン酢でさっぱりもいいけれど、鮭なのでチャンチャン焼き風にみそだれを塗って焼きました。仕上げのバターでリッチな風味をプラスし、ごちそう感をアップ。そして、七味ね。これはたっぷりかけたほうが、バターとみその旨味が引き立ってウマいので、絶対オススメです！

サーモンときのこの ホイル包み焼き

材料（2人分）

生鮭……2切れ
玉ねぎ……½個
しめじ……⅓パック
生しいたけ……2枚
えのきたけ……⅓袋
小ねぎ……適量
七味とうがらし……適量
バター……20g

【A】
　みそ……大さじ1＋½
　みりん……大さじ1＋½

作り方

1 玉ねぎは薄切りにする。
しめじは石づきを取って小房に分け、
しいたけは石づきを取ってスライスする。
えのきたけは根元を切り落としてほぐす。

2 アルミホイルをまな板くらいの大きさに広げる。
中央に玉ねぎ半量を敷き、
その上に鮭を1切れのせ、
Aを合わせたみそだれを大さじ½程度塗る。
しいたけ、しめじ、えのきたけをそれぞれ半量のせ、
みそだれを大さじ1程度をかける。
アルミホイルを四方からふんわりと包み、
口をしっかり閉じる。同じようにもう1つ作る。

3 フライパンに3を並べ入れて蓋をし、
中火で1〜2分、弱火にして10分ほど加熱する。

4 器に盛り、ホイルを開けてバターをのせる。
七味とうがらしをふって小ねぎを散らし、完成！

材料（2人分）

【銀杏ごはん】
銀杏（薄皮をむいたもの）
　……150g
米……2合
昆布……1枚
しょうゆ……大さじ½
酒……小さじ1
塩……ひとつまみ
水……360㎖

【豚の辛みそ焼き】
豚ロース肉……2枚
みそ……大さじ1
豆板醤……大さじ1
酒……大さじ1
みりん……大さじ1
しょうゆ……大さじ1
はちみつ……小さじ1

【れんこんのピリ辛きんぴら】
れんこん……80g
酒……小さじ1
塩……少々
一味とうがらし……少々
白ごま……少々
ごま油……大さじ½

【キャベツ昆布】
キャベツ……½枚
塩昆布……ひとつまみ
ごま油……小さじ1

大人の行楽弁当（つまみ）

行楽シーズンの料理といえば弁当だけど、大人の行楽といったら酒とつまみは欠かせないよね？ というわけで、ビールのお供になる弁当を作りました。見た目にも華があって、つまみ的味わいのおかずをビール片手に食べ進めると、下に隠されていたごはんが登場！ おかずのたれが染みていい塩梅のごはんでシメってわけ。こんな弁当、どぉ？ 最高でしょ。

作り方

1 銀杏ごはんを作る。
研いだ米とすべての材料を炊飯器に入れて炊く。
炊き上がったら昆布を取り出して
全体を混ぜて蒸らす。

2 豚の辛みそ焼きを作る。
ファスナー付き保存袋に
すべての調味料、豚肉を入れてよく揉み込む。
1時間ほどおいたら、
フライパンに油（分量外）をひき、弱火で両面焼く。

3 れんこんのピリ辛きんぴらを作る。
れんこんは5㎜厚さの輪切りにしてごま油で炒め、
酒、塩、一味とうがらしを加えて味を調え、白ごまをふる。

4 キャベツ昆布を作る。
ボウルに手でちぎったキャベツを入れ、
塩昆布、ごま油を加え、手で和えればOK。

5 弁当箱に銀杏ごはんを敷き詰め、
その上におかずをのせたら完成！

メキシコにサーフトリップに行ったときにハマったローカルフードがセビーチェ。これは新鮮な魚介をレモン果汁でマリネし、玉ねぎやトマトなどの野菜と和えたもので、ラテンアメリカで広く親しまれている定番メニュー。爽やかかつスパイシーな味わいがサッパリとして食べやすく、波乗り後の一杯にも合うのなんの。というわけで、いろいろな店で食べ歩いた結果を総括し、僕にとって味も見た目も理想的なセビーチェがこちらです！

魚介と野菜の カラフル セビーチェ

材料（2〜3人分）

鯛（刺し身用）……100g
帆立貝柱（刺し身用）……3〜4個
甘えび（刺し身用）……小10〜12尾
紫玉ねぎ……½個
トマト……1個
パプリカ（黄）……¼個
きゅうり……1本
生とうがらし（赤）……3本

にんにく……1片
レモン汁……2個分
一味とうがらし……適量
ライム……1個
パクチー……適量
トルティーヤチップス……適量
塩……小さじ½
オリーブ油……大さじ2

作り方

1 鯛、帆立、甘えびは1㎝角に切り、
ボウルに入れて軽く塩（分量外）をふる。
レモン汁を加え、20分ほどおく。

2 紫玉ねぎ、トマト、パプリカ、きゅうりは1㎝角に切る。
赤とうがらしはみじん切りにする。にんにくはすりおろす。

3 1に2を加え、オリーブ油、塩を加えて混ぜる。
味をみて辛さが足りなければ
一味とうがらしを加え、味を調える。

4 器に盛り、搾りやすい形に切ったライム、
食べやすい大きさに切ったパクチーをトッピングすれば完成。
食べる直前にライムを搾り、
トルティーヤチップスと一緒に召し上がれ。
お好みでタバスコをかけても！

フィッシュ&チップス、
クリーミーソース

里いもといかのコロッケ

材料（2人分）

白身魚（鱈や鯛など）……2切れ
じゃがいも……中3個
レモン……¼個
天ぷら粉……適量
冷水……適量
塩……少々
揚げ油……適量

【A】

卵黄……1個分
玉ねぎ（みじん切り）……¼個
パセリ（みじん切り）……少々
酒……小さじ1
レモン汁……小さじ1
白みそ……小さじ1
めんつゆ（市販品）……小さじ½
パルメザンチーズ（粉）……大さじ1
溶かしバター……10g

作り方

1 じゃがいもは皮をむいて1.5cm角の棒状に切り、30分～1時間、水にさらす。

2 Aの材料をすべてボウルで混ぜ合わせ、ソースを作る。

3 白身魚は皮をはぎ、ペーパータオルで水けをしっかり取る。1をざるに上げて水をきり、布巾に広げて水けをしっかり取る。

4 大きめのボウルに天ぷら粉と冷水を合わせ、さっくりと混ぜる。天ぷら粉は、袋の表示の1.5倍量にし、かための衣にする。

5 鍋に揚げ油とじゃがいもを入れて強火にかける。泡が出てきたら中火にする。

6 じゃがいもが浮いてきたら、3の魚に天ぷら粉をまぶし4の衣にくぐらせて鍋に入れる。じゃがいもと一緒にきつね色になるまで揚げる。取り出して油をきり、塩をふる。

7 器に2のソースと一緒に盛り付け、くし形切りのレモンを添えて完成。

将来どうするか迷っていた20代の頃、ニュージーランドで暮らしていたことがあるんですが、これはそのときによく食べていた思い出のメニュー。イギリスの定番料理ですが、ニュージーランドでも街のあちこちで食べられて、しかも安ウマ！ あのサクッ＆ジューシーな懐かしい味を僕なりに再現しつつ、現地の定番だったタルタルソースをアレンジしたオリジナルソースを添えました。

フィッシュ＆チップス、クリーミーソース

毎年秋になると、三浦農園では里いもがたくさん採れます。いつもはいかと里いもの煮っころがしを作って堪能するわけですが、あるときふとひらめいた。これをコロッケにアレンジしたら、さぞかしウマかろうと……！ その出来は期待以上。里いものコロッケは独特のネバネバがきいてうまくまとまるし、食感もしっとりなめらかになるんですよね。コロッケに欠かせないソースも、しょうゆと砂糖を使った甘じょっぱい煮物風にしました。

里いもといかのコロッケ

材料（2～3人分）

するめいか……1ぱい
牛ひき肉……100g
里いも……500g
玉ねぎ……1個
小麦粉……適量
溶き卵……1～2個分
生パン粉……適量
塩……少々
黒こしょう……少々
しょうゆ……大さじ1
バター……20g
揚げ油……適量

【A】

牛脂……1個
サワークリーム……大さじ2
酒……大さじ2
しょうゆ……大さじ2
砂糖……大さじ2
はちみつ……小さじ1

作り方

1 いかは内臓を取り除き、げその大きな吸盤を包丁で削ぎ落として、粗みじん切りにする。

2 フライパンを弱火で熱してバターを溶かし、みじん切りにした玉ねぎを中火で炒める。玉ねぎがしんなりしたら、牛肉と1を加えてさらに炒め、軽く塩、こしょう（ともに分量外）する。

3 里いもはよく洗い、ラップに包む。電子レンジ（600W）で10分ほど加熱して皮をむく。熱いうちにボウルに入れてマッシャーでつぶし、2、塩、こしょう、しょうゆを加えてよく混ぜ合わせる。

4 ソースを作る。2のフライパンにAの牛脂を入れて弱火で熱して溶かし、残りのAをすべて加え、混ぜながら煮詰める。

5 3をテニスボールよりやや小さめに丸め、小麦粉、卵、パン粉の順に衣をつけて、170℃の揚げ油できつね色になるまで揚げる。4のソースをつけて召し上がれ！

こちらは、夏になると無性に食べたくなるトルティーヤ。そして、夏といえばやっぱりカレー。だったら合体させちゃおう！ とはいえ、ただカレーソースをかけるだけじゃつまらないので、鶏肉をカレー粉入りのたれで漬け込んだタンドリーチキンを採用しました。さらに、カレー味のフライドポテトでボリュームアップし、食感にもアクセントをプラス。仕上げに枝豆を使ったサワークリームソースで爽やかな酸味を添えてみたら……ああ、激ウマ！

タンドリーチキンとポテトのトルティーヤ

材料（2〜3人分）

鶏もも肉……400g
玉ねぎ……½個
トマト……1個
レタス……3〜4枚
パクチー……適量
じゃがいも……2個
マカダミアナッツ……約20粒
トルティーヤ……6枚
カレー粉……小さじ½
塩、黒こしょう……各適量
バター……10g
揚げ油……適量

【A】
ヨーグルト……大さじ5
にんにく（すりおろし）……1片
しょうが（すりおろし）……1かけ
カレー粉……小さじ1
はちみつ……大さじ1
レモン汁……大さじ1
トマトケチャップ……小さじ1
塩……小さじ1

【B】
枝豆（やわらかめにゆでたもの）
　……100g
サワークリーム……100g
にんにく（すりおろし）……1片
レモン汁……大さじ1
塩……少々
黒こしょう……少々

作り方

1 鶏肉は両面をフォークでまんべんなく刺して穴をあけ、大きめの一口大に切り、しっかり塩、こしょうをする。ファスナーつき密閉袋に鶏肉を入れ、Aをすべて加えてよく揉み込む。冷蔵庫に入れて3時間から一晩おく。

2 ソースを作る。Bの枝豆はすり鉢などでペースト状にする。残りのBをすべて加え、よく混ぜ合わせる。器に移し、冷蔵庫に入れる。

3 じゃがいもは皮をむいてスティック状に切り、ボウルに入れて30分ほど水にさらす。

4 マカダミアナッツはポリ袋に入れ、麺棒等で叩いて潰す。玉ねぎはせん切りに、トマトは2㎝角、レタスは一口大、パクチーは3㎝長さに切る。

5 フライパンにバターを入れて中火にかけ、バターが溶けたら1を漬けだれとともに加える。蓋をして、焦げないように様子を見ながらじっくり火を通す。蓋を取り、水分がなくなるまで煮詰め、両面に焼き目をつけたら取り出して、2㎝幅に切る。

6 3の水けを布巾などでしっかり取り、揚げ油を入れた鍋に加えて、強火にかける。泡が出てきたら中火にし、きつね色になるまで揚げる。取り出して、塩とカレー粉をまぶす。

7 トルティーヤはフライパンで両面を軽く焼く。

8 器に4、5、6、7を盛る。7にレタス、玉ねぎ、トマト、パクチー、鶏肉、フライドポテトを重ね、2の枝豆サワークリームソースをのせて、マカダミアナッツをふりかける。お好みでタバスコやハラペーニョソースをふって召し上がれ！

白飯大好きな僕にとって、麻婆豆腐は最強のおかずのひとつ。だからわりと頻繁に作ってるんですが、ある日、冷蔵庫に眠ってた黒練りごまを見てひらめいたのがこれ。婆ではなく爺のマーシーが作るから麻〝爺〟（マージー）にしたと思ったでしょ!? まぁ半分正解なんですが、黒練りごまで爺＝オジサン好みの濃厚なコクをプラスしてるっていう意味もあるんですね〜。さらに、痺れる辛さが特徴の花椒も採用して、オジサンも納得の本格派に仕上げました。

マージー豆腐

材料（2人分）

豚ひき肉……150g
絹ごし豆腐……1丁（約350g）
長ねぎ……½本
にんにく……1片
しょうが……1かけ
赤とうがらし……1本
パクチー……適量
豆板醤……大さじ1
鶏ガラスープ……200㎖
花椒……少々
塩……少々
黒こしょう……少々
ラー油……適量
水溶き片栗粉
　（片栗粉大さじ1＋水大さじ2）……適量
サラダ油……小さじ1

【A】
　黒練りごま……大さじ1
　オイスターソース……大さじ1
　しょうゆ……大さじ1
　みそ……小さじ1
　砂糖……小さじ1
　酒……大さじ1

作り方

1 長ねぎ、にんにく、しょうがはみじん切りに、赤とうがらしは輪切りにする。豆腐は3㎝角に切る。

2 鍋に湯をたっぷり沸かし、塩ひとつまみ（分量外）と豆腐を入れ、再沸騰する直前にざるに上げて湯をきる。

3 熱したフライパンにサラダ油をひき、にんにく、しょうが、赤とうがらしを入れる。香りが立ったら、豆板醤を加えて炒める。

4 豚肉を加えてパラパラになるまでよく炒め、合わせておいたA、鶏ガラスープ、2、花椒、塩、こしょうを加え、混ぜながら中火で1分ほど煮る。

5 長ねぎを加えてひと混ぜし、弱火にして水溶き片栗粉を加える。混ぜながら強火にして、とろみがついたら火を止める。

6 器に盛ってざく切りにしたパクチーを散らし、ラー油をたっぷり回しかければ完成。ごはんと一緒に召し上がれ。

元気ですかーッ！元気が出ないときは、がっつり食べるべし。パワーの源は炊きたてのごはんだッ！というわけで、白飯がモリモリ進むレバニラ炒め。我が家のレシピはレバーを揚げるのがポイント。揚げることで臭みが気にならなくなって香ばしさがプラスされるので、レバーが苦手な人にもおいしく食べてもらえるハズ。仕上げには、黒こしょうをお忘れなく。味がグッと引き締まって、ますます箸が止まらない。もちろん、ビールにもよく合うんだな〜！

三浦家のレバニラ

材料（2人分）

豚レバー……200g
にら……1束
もやし……1袋
片栗粉……適量
黒こしょう……適量
ごま油……大さじ2
揚げ油……適量

【A】
しょうゆ……大さじ2
酒……大さじ1
にんにく（すりおろす）……1片
しょうが（すりおろす）……1かけ

【B】
しょうゆ……大さじ2
酒……大さじ2
オイスターソース……小さじ1

作り方

1 レバーは7〜8mm厚さにスライスし、流水で洗ってペーパータオルで水けを取る。Aを合わせておいたボウルに加えて下味を揉み込み、冷蔵庫で30分おく。

2 にらは4cm長さに切る。もやしは冷水に30分ほどさらし、水けをきる。

3 1をざるにあけて汁けをきったら片栗粉と一緒にポリ袋に入れてよくふり、まんべんなく片栗粉をまぶす。180℃の油で2〜3分揚げ、油をきる。

4 フライパンを中火にかけてごま油をひき、2を炒める。野菜がしんなりしたら、3と合わせておいたBを加えてざっと炒め合わせる。仕上げにこしょうをたっぷりふって、器に盛る。

ずっと料理が好きだった！

About
ミウラメシ

初めての料理は小学生のときに作ったチャーハン。母親が留守なのに腹が減ってどうしようもなく、「自分で作るしかない！」と台所に立ったわけです。母親が料理していたのを思い出しながら、ごま油で冷や飯を炒め、味付けはウスターソース。包丁は使えなかったから具なし（笑）。でも、うまかった！　で、「自分で料理作った」と、母親に報告したら「すごいすごい！」と褒められて。褒められて伸びるタイプなので、それからはちょいちょい台所を手伝ってました。よく覚えているのは餃子作り。また母が「包むの上手！」と褒めるので、その気になってね。

　ちゃんとした料理を作るようになったのは、20代半ばで料理修業することになったとき。当時、モデル仲間が俳優になったりデザイナーになったりしていて、自分はどうしようかなと悩んでいたんです。そうしたら、ニュージーランドで日本料理店を営んでいた叔父のところで働かせてもらえることになって、「よし、何か新しい自分が見つかるかもしれない」と、モデルをやめて料理の道へ。雇い主である叔父からは、「来る前に魚くらい捌けるようになっておけよ」

About ミウラメシ

　と言われていたので、向こうに行く前に友達の魚屋さんに教えてもらいました。向こうに行ってからは、厨房で日々、一つひとつ料理の仕事を覚えていきました。休みの日にも、でっかいステーキ肉を買って家で焼きながら「かっこいいじゃん、オレ」とか悦に入ったりしてね。

　そうやってニュージーランドで2年過ごして日本に帰ってきたときに心に決めていたのは、「料理で生きていこう」ということ。料理が好きだと実感していたし、2年やってみて、「これだ！　見つけた！」と確信したんですよね。それで、日本でもう少し修業してから、自分の店を持とうと思っていました。

　ところが、人生何が起きるかわからないもので、働いていた飲食店のキッチンが低すぎて腰を痛めてしまった。ああ、どうしようかなあ……と、リハビリ生活を送っているある日。「モデルをもう一度やってみたら？」と声をかけてもらって、またモデルとして仕事を始めることになったんです。

　でもやっぱり料理への情熱は変わらず僕の中にあって、30代の終わりごろには、日々作っている料理の写真とそのレシピをアップする料理ブログを始

めました。「いつかこれを仕事にしたい！」と思って。モデルの仕事で一緒になる編集者にも「料理ページをやりたい！」と言い続けて、ついに2015年、雑誌『OCEANS』で連載を持たせてもらえることになったわけです！

　そうやって始まった連載「ミウラメシ」、7年目を迎えます。読者の方から、「作ってみたよ」という反響をいただいたり、読者イベントで「ウマい！」と食べてもらったりするのは、ほんとにうれしかったし楽しかったなぁ！

　こうして1冊の本にまとまって、夢が叶った感じです。『OCEANS』で連載を始めるチャンスをくれた太田元編集長、単行本化にあたってひと肌脱いでくれた江部現編集長、ありがとう！　スタッフのみなさん、連載を応援してくれた読者のみなさん、そしてこの本を手に取ってくれたみなさんも、ありがとう！

　これからも僕がウマいと思うこだわりのメニュー「ミウラメシ」を作り続けていきますので、どうぞよろしくお願いします！

2021年冬晴れのある日　**三浦理志**

三浦理志
みうらまさし

モデル。1970年生まれ湘南藤沢育ち。15歳のときにサーフィンと出合い、今では生活の一部に。また、モデルの仕事の合間に、畑で四季折々の野菜を育てていて、「サーフ＆ノーフ」なライフスタイルを実践中。20代後半にはニュージーランドで2年間の料理修業を経験し、料理の腕前はプロ級。ニックネームは「マーシー」。海や畑、料理などのサーフ＆ノーフなライフスタイルは、Instagram（@mar4m）やYouTubeチャンネル「MARCY'S FUN LIFE」で発信中。

STAFF

撮影	渡辺修身、吉澤健太、清水将之、KENYU
スタイリング	巾里真理子
イラスト	平沼久幸
ブックデザイン	PHANTOM G.
編集協力	甘利美緒、嶋田裕子
編集	川瀬佐千子

本書は雑誌『OCEANS』（ライトハウスメディア）に連載していた内容に加筆修正し、編集したものです。

SURF & NORF COOKBOOK by ミウラメシ
サーフ＆ノーフ・クックブック・バイ・ミウラメシ

2021年1月28日　初版第1刷発行

著者	三浦理志
発行者	上野研統
発行所（本の内容に関するお問い合わせ）	株式会社ライトハウスメディア 〒106-0044 東京都港区東麻布1-9-15 東麻布一丁目ビル2F TEL 03-5545-1103（代表）
発売（本のご注文）	株式会社プレジデント社 〒102-8641 東京都千代田区平河町2-16-1 TEL 03-3237-3731
印刷・製本	近代美術株式会社